Georg Bekker

Anleitung zum Ausstopfen der Vögel und Säugetiere

Aus eigenen Grundsätzen und Erfahrungen und denen von fachkundigen Männern geschöpft

Georg Bekker

Anleitung zum Ausstopfen der Vögel und Säugetiere

Aus eigenen Grundsätzen und Erfahrungen und denen von fachkundigen Männern geschöpft

ISBN/EAN: 9783955622770

Auflage:

Erscheinungsjahr: 2013

Erscheinungsort: Bremen, Deutschland

@ Bremen-university-press in Access Verlag GmbH, Fahrenheitstr. 1, 28359 Bremen. Alle Rechte beim Verlag und bei den jeweiligen Lizenzgebern.

Anleitung
zum
Ausstopfen
und
Aufbewahren
der
Vögel und Säugethiere.

Aus
eignen Grundsäzzen und Erfahrungen
und
denen von sachkundigen Männern
geschöpft

von

Georg Pistorius.

Vorrede.

Es sind in der neuern Zeit vorzüglich zwei deutsche Abhandlungen, die, unter manchen, vorzügliche Aufmerksamkeit verdienen; nemlich

Nro. 1. Gründliche Anweisung Vögel auszustopfen und besonders gut zu conservieren. Leipzig bei Adam Friedrich Böhme, 1788 und

Nro. 2. Anleitung alle Arten natürlicher Körper, als Säugethiere, Vögel, Amphibien, Fische ꝛc. zu sammeln und aufzubewahren, von Dr. Joh. Jacob Römer. Mit 3 Kupfertafeln. Zürich bei Orell, Geßner, Füßli und Compagnie 1797 einem Gegenstande gewidmet worden, für den auch diese Blätter geschrieben sind. Die erste Schrift enthält blos die Behandlungsart auszustopfender Vögel, und der von Säugethieren ist nur oberflächlich erwähnt; die andre aber füllt bei weitem den kleinsten Theil des 265 Seiten starken Buches, über diesen Gegenstand aus.

So sehr ich auf das Ansehen einer critischen Untersuchung über den Vorzug der einen oder andern Schrift, in soweit vom Ausstopfen der Säugethiere und Vögel in Nro. 2 die Rede ist, gerne Verzicht leiste; so wenig es ferner auch hier der Ort dazu seyn kann, und so bekannt auch die Verdienste des Verfassers von Nro. 2 sind, so muß ich, nach meiner Einsicht dennoch bekennen, daß in Nro. 1 mehr anwendbarere Kenntniß herrscht. Ich sage dies blos in Hinsicht auf die mehr oder weniger leichte Verfahrungsart eines auszustopfenden Thieres und daß Nro. 1 allerdings den Vorzug darinn behauptet, wird jedem Sachkundigen einleuchtend seyn, der sich die Mühe nehmen will, beide Schriften mit einander zu vergleichen.

Vorrede.

Dem Anfänger in dieser Kunst muß, wie ich glaube, der kürzeste Weg zur Erlernung und Vervollkommnung gezeigt, es müssen ihm die Schwierigkeiten weggeräumt werden, um seinen Zweck desto leichter und schneller erreichen zu können. Will er nun dasjenige, was in Nro. 2 sowohl vom Abbälgen, als Ausstopfen vorgezeichnet ist, genau befolgen, so wird er in ein Labyrinth von Arbeiten gerathen und auf nicht gemeine Schwierigkeiten stossen, die ihn von weitern Fortschritten abschrekken dürften. Eine große Dosis von Geduld und Beharrlichkeit erfodert allerdings dieses von Anfang mühsame, am Ende aber so schön belohnende Geschäft, allein ich getraue mir auch zu behaupten, daß unter zehen selbst leidenschaftlichen Liebhabern, welche den in Nro. 2 vorgeschriebenen Weg gehen wollen, gewiß neun, und zwar schon beim zweiten Versuch eines auszustopfenden Vogels, abgeschreckt werden, und daher lieber einer Kunst und einem positiv darauf sich gründenden nützlichen Vergnügen entsagen, wovon die Mühseligkeit und der grose Zeitverlust den Reitz aufwägen.

Der Verfasser dieser Blätter, der seit Jahren, die Kunst des Ausstopfens zu seinem Haupt-

Vergnügen in Nebenstunden übt, glaubt den Liebhabern keinen undankbaren Dienst zu leisten, wenn er ihnen seine ganze Behandlungsart nach Möglichkeit faßlich zu entwikkeln sucht. Daß er meistentheils seinen eignen Weg gehet, wird man in der Folge bei einer kleinen Vergleichung mit jenen Schriften, beinahe auf jeder Seite finden, indem er mit Nro. 1 nur das Abbälgen mit einigen Abweichungen jedoch, mit Nro. 2 aber nicht das mindeste gemein hat. Er glaubt ferner, daß seine Behandlungsart durchaus weit einfacher und leichter sey, und daher durch vielerlei und grose Schwierigkeiten keinen Anfänger abschrekken werde, in sofern dieser nur in dem Außstopfen kein kurz dauerndes Vergnügen sucht. Er weiß es endlich aus Erfahrung, daß man bei einem mit dieser Methode vertrauten Künstler nur einmal die Behandlungsart eines Vogels genau zu betrachten nöthig hat, um sich dann selbst vervollkommnen zu können; eben so, als man gewiß dem Verdrusse nicht außgesetzt ist, so viele misglückte Anfangsexemplare vernichten zu müssen. Der Verfasser z. E. hat nur zwei, als sehr unvollkommene Stükke, der Vernichtung preisgegeben.

Vorrede.

Also blos den Anfänger eine leichtere und einfachere Methode zu lehren, und manchen Egoisten — der so geheim mit seinen Kenntnissen thut, als wenn seine Finger Staunen erregende Wunder hervorbringen könnten — aus seinen höchst lächerlichen Mysterien herauszuwerfen, ist die Erzeugungsursache dieser Schrift. Ob nun der Verfasser dieses Werks seinen Gegenstand gehörig kennt, und gewissenhaft Wort hielt, darüber können nur practisch sachkundige und partheilose Männer urtheilen.

Gewiß glüht übrigens kein Funke von Herabwürdigung oder Verunglimpfung gegen die beiden würdige Herren Verfasser der angeregten Schriften in meiner Seele. Sie theilten, freilich nach verschiednen Grundsäzzen, den Anfängern der Außstopfkunst ihre Methoden mit, wovon jeder die seinige deswegen für die beste mag gehalten haben, weil er einmal hinlänglich darinn geübt war. Dem Nuzzen und der guten Absicht, die die beiden Herren Herausgeber mit ihren Werken verbanden, hatten Liebhaber hin und wieder gewiß auch allen Dank. Thue ich nun etwas anders, oder habe ich nicht die nehmlichen guten Absichten?

Bloß der Liebhaber mag, nach reiflicher Prüfung unsrer verschiednen Methoden, dann entscheiden, welche Behandlungsart er vorzieht.

Der Wahrheit zur Steuer muß ich indeß hier öffentlich bekennen, daß ich weder den Wahn hege, diese meine Methode ganz ausschliesend zu besizzen, noch weit weniger aber, daß ich für den Erfinder derselben angesehen seyn will. So viele sich mit der Kunst des Ausstopfens beschäftigende Männer hatten entweder gar keine Lehrer, oder doch nur eine äusserst elende Norm, die langsam und schwankend ihre Schritte leitete. Das, was sie nach Jahren dann vorzüglich leisteten, hatten sie gewiß ihrem gedultigen Fleiße und eignem Nachsinnen zu danken. Ein würdiger bekannter Naturforscher in meiner Gegend, ist von der Wahrheit dieses Sazzes noch sprechender Zeuge. — Wie glücklich konnte sich daher der Verfasser dieser Blätter schäzzen, daß er in der Person des Herrn D. B. ——— eines der verdienstvollsten teutschen Naturforschers, einen Lehrer in der Kunst des Ausstopfens fand, der wahrlich keinem so leicht zu Theil wird. Er, dieser rastlose Forscher der Naturkunde in ihren theoretisch und practischen Theilen, dem der teutsche For-

Vorrede.

schungsgeist schon so manche, zum Theil seltne Entdekkungen zu danken hat; er, dessen Freundschaft zu besizzen ich nach Würde zu schäzzen weiß, — er erlaube, daß ich hier öffentlich meinen Dank ihm zolle! Er hat unter den Vielen, die seine schäzbare Bekanntschaft zu machen so glücklich sind, auch mich, in ihrer Entstehung, auf die mannigfaltigen Naturschönheiten aufmerksamer gemacht; unwiderstehlich hat er meine Gefühle zu ihren Reizen hingezogen und unbemerkt meinen Geist angefeuert, einige Schritte in das irrdische Eden zu thun. Meine Neigung entschied für die Zoologie, aber auch nur für einen Theil derselben, die Naturgeschichte der Säugethiere, und die der Vögel, und hiermit verband mein verehrungswürdiger Freund die Kunst ihrer Ausstopfung. Wie weit grösseres Vergnügen verschaften mir von da an die Spaziergänge, die ich von meinen Pflichtgeschäften entübrigen kann, wenn ich die zahlreichen Bewohner der Wälder und Felder zu belauschen suche!

Hier im Freien, wo die Thiere nur sich, und ihrer Oekonomie leben, täuscht kein Irrthum das Auge; hier muß den Naturforschern in Zimmern die Binde fallen. — —

Vorrede.

Zum Schluſſe noch einiges über das Alter der Ausſtopfkunſt:

Es iſt wahrſcheinlich keinem Zweifel unterworfen, daß vor vielen Jahrhunderten ſchon dieſe Kunſt hier und da bekannt geweſen ſeyn müſſe. Freilich war es damals nur die Periode ihrer Kindheit, oder eigentlicher, man trieb ſie zu einem ganz andern Zwekke als heut zu Tage; denn unſre rauhe Vorfahren, nur an Jagd und Fiſcherei gewöhnt, haben ſie, wenn ſie anders Kenntniſſe davon hatten, gewiß nicht in naturhiſtoriſcher Rückſicht getrieben. Damals waren gelehrte naturwiſſenſchatfliche Kenntniſſe, wenigſtens in den finſtern und waldigten Gegenden Deutſchlands, unbekannte Worte; und ſo konnte auch nur nach und nach jene Kunſt zu einem weit höheren u. angemeſſenern Zwekke geleitet werden.

Daß die Noth auch den ganz rohen Menſchen erfinderiſch mache, iſt ein bekanntes Sprüchwort, und wie viele Entdekkungen wurden nicht in den finſterſten Zeiten gemacht, die ſich mit den hellen Stralen der neuern Jahrhunderte erſt vervollkommneten? — Groſe wilde Thiere zu fangen und zu benuzzen brachte unſre Vorfahren, ſo wie noch jezt die Halbmenſchen unter den beiden

Vorrede.

Weltpolen auf die Gedanken, tiefe und leicht bedeckte Gruben zu graben — sie in Garne zu treiben — mit zahmen Thieren, oder mit nachgeahmten thierischen Tönen sie in einen Hinterhalt zu lokken, und so entweder lebendig oder todt zu erbeuten. Mit den Vögeln hatte dies freilich andre Bewandnisse; denn welch eine Uebung mußte nicht dazu gehören, sie mit einem Pfeilschuß — zumal fliegend — zu erlegen! Selbst dies konnte nicht genug seyn. Man ging weiter und suchte sich, vermittelst Lockpfeifen und Nezze — wer weiß mit welcher Anstrengung und mit wie viel vergeblichen Versuchen im Anfange — ihrer auch lebendig zu bemächtigen. Eben diese oft vergebliche Anstrengungen mußte die Menschen auf die Gedanken bringen, die Vögel **durch ihres Gleichen**, weit sichrer zu berükken; weil sie damals schon aus Erfahrung wissen mußten, daß auch die Thiere gerne Gesellschaft lieben. —

Mit **lebendigen** Vögeln beständig diesen Fang zu treiben, mußte oft entweder gar nicht anzuwenden, oder wegen dem Füttern derselben und ihren individuellen Natureigenschaften mit abschrekkenden Schwierigkeiten verknüpft seyn. Man schritt so immer weiter und blieb endlich bei dem Gedanken stehen mit todten Vögeln, die man durch allerlei Conservirmittel — nach Art der alten bekannten Einbalsamirungsmethode — gegen Fäulniß zu verwahren suchte, neue Versuche zu machen; zumal wenn man die Lockpfeife zugleich dabei gebrauchte. — Kurz, man balsamirte oder trocknete die Vögel in einer mäsigen Wärme, und unterband die sinkende Gliedmasen bis zur erfolgten Trocknung. Es war alsdann ein leichtes, mit nachgemachten künstlichen Tönen vorbeistreichende Vögel anzulokken, dem todten Vogel mittelst einer bedeckten Schnur einige Bewegungen zu geben, und so den Vogelfang in Garnen zu üben.

Diese nach einander nur flüchtig hingeworf'ne Ideen mag jeder sich nun weiter vervollkommnen, der in der ökonomischen Geschichte unsrer Vorfahren nicht ganz unbewandert ist; aber so wie ich bis jetzt überzeugt bin, daß ich mich nicht irre, eben so wird jeder nur einen Zweck unsrer Vorfahren dabei sehen, nemlich den: dergleichen bearbeitete Vögel einsig zum Behufe des Vogelfangs zu gebrauchen.

Eine alte Nachricht über das Vogelausstopfen fand ich in folgendem Buche: "An=

Vorrede. XIII

genehme Landlust, oder vom Unterschied, Fang, Einstellung und Abrichtung der Vögel ꝛc. Frankfurt und Leipzig, 1720. *)

In diesem alten Werke, das ich vor mir liegen habe, befindet sich ein Auszug aus Johann Conrad Aitingers vollständigem Jagd- und Weidbüchlein von dem Vogelstellen, welches um's Jahr 1590 — also etwa vierzig Jahre später als Conrad Geßner's Werk über die Vögel — zuerst erschien; und da der unbekannte Autor desselben, mit unter ein ausgemachter Critikus zu seyn scheint; so hat er des obigen Aitingers Jagdbuch nach dessen verschiedenen Kapiteln abgehandelt, und nur dasjenige berührt, was ihm für seinen Zeitlauf noch sachdienlich schien. In dem 30ten Kapitel spricht Aitinger von ausgestopften Vögelbälgen sowohl, als ganz getrokneten Vögeln zum Behufe des Vogelfangs, und der Leser erlaube, daß ich diesen alten Vo-

---

*) Dieses Buch ist von Herrn Bergrath Bechstein in Waltershausen, gänzlich umgearbeitet, und mit Zusäzzen bereichert, im Jahr 1796. erschienen.

gelſteller hier mit ſeinen eignen Worten, und ſeiner Schreibart den ganzen Innhalt erzählen laſſe:

„Die überzogne Locker, Aufſtecker oder Bäl„ge, *) werden gezeugt und bereitet, daß der gefan„gene und gewürgete Vogel, wie er an ſich ſelbſt iſt, „nur ausgeweidet, und mit ſammt ſeinem Fleiſch „und ganzem Leibe in einem Backofen ſo oft ge„truckner, daß er keine Feuchtigkeit behalte. Die„ſes iſt an ſich ſelbſt gar natürlich und hübſch; es „zeucht aber doch wiederum Feuchtigkeit und Fäu„lung an ſich, darinn wachſen unſläthige heßliche „Würme, ſo dieſe Aufſtekker bald verzehren und „untüchtig machen **).“

---

*) Aufſtecker — darunter verſteht unſer alter Aitinger hier die, zum Behufe des Fangs mit Nezzen, aufgeſteckte Vögel. Ueberhaupt vergeſſe man nicht, daß der Autor in die hier beſchriebnen Ausſtopfungsmethoden, beſtändig die Vortheile des Vogelfangs mit einmiſchte, weil nur dies, natürlicherweiſe, ſein einziger Zweck war. Um nicht undeutliche Bruchſtükke zu liefern, mußte ich dieſe Nebenſachen hier mit berühren. d. V.

**) Dies Trocknen mit allen körperlichen Fleiſchtheilen des Vogels, war alſo wahrſcheinlich die erſte Aufbewahrungsmethode, ehe

Vorrede.

„Andere ziehen den gezogenen Vögeln fein
„die Häute ab, lassen ihnen darzu hölzerne Klötze
„schnitzen, darinnen unten im Bauch ein Löchlein
„gebohret, daß in dieselbe schmale Reißlein oder
„Zweiglein anstatt der Beine an einem Ende dar-
„ein, am andern Ende in die Erde gesteckt werden.
„In diese Klötze pflegen etliche einen Schnitt mit
„einer Sägen zu machen, darinn sie mit einem ei-
„sernen Drath ein Gewerbe machen; den Drath
„stecken sie dann in die Erde. Und soll dieses dar-
„zu nutzen, daß diese Aufstecker im Ueberziehen
„der Wände sich ducken können, und an den Kö-
„pfen desto weniger beschädiget werden möchten;
„dann von den Gewerben können sie die Köpfe nie-
„derducken, und nicht in Wänden henken bleiben,
„darmit sonsten viel Auffsteckern die Köpfe abgerissen
„werden. Diese Auffstecker seynd allein des Draths
„halben übel zusammen zu packen, verstopfen die
„Bälge, thun auch im Umwenden der Netze den
„Weidmann aufhalten, indeme sie wiederum in die
„Höhe zu richten. Diese Klötze werden nach Na-
„tur eines jeden Vogels gemacht, mit Leim über-
„tränket, darinnen ein wenig Wermuth und Aloes
„vermenget, und also des Vogels Haut darüber

man zu der bessern Behandlungsart, den Vögeln die Häute abzuziehen, und diese mit irgend einem Material auszustopfen, übergieng.

d. V.

„gezogen. *) Etliche schneiden Flügel und Schwänze
„besonders ab, und leimen und nägeln sie alsdann
„wiederum daran; aber darvon halte ich nichts,
„wie auch von denjenigen, so sie mit einem Klei-
„ster anmachen, in selbigen wächset das Ungezie-
„fer desto schleuniger, und seynd die Klötze zu
„schwehr ihrer viel mitzutragen, und auf die weit
„entlegene Stellstetten fortzubringen. **) Von de-
„nen so über Stroh- oder Heuwische gezogen, halt
„ich am meisten, derselbigen können wegen der Leich-
„terung viele fortgebracht werden, und dieselbigen
„proportioniren, wie man selbst will; dann grober
„Vögel Holzklötze viel zu tragen, ist beschwehrlich."

„Die corpora werden nachfolgender Gestalt
„bereitet: Man bindet, nach Gelegenheit und Pro-
„portion des Vogels, Heu oder Stroh ein wenig
„angefeuchtet, mit einem doppelten starken Zwirns-
„faden zwerch über, ziemlich lang zusammen, bie-
„get die Mitte des gebundenen Wisches über ein
„rundes Holz, daß die Brust daran recht rund und
„nicht krumm wird, schneidet dann von einem
„Schleen- oder Hagendorn ein Häcklein, und dar-
„mit dasselbige seine Dicke oder Form desto besser

über-

---

*) Also schon, statt des Wergs, ein Korpus von
Holz, worüber die Haut gezogen wurde.

d. H.

**) Unser Autor nimmt auch hier schon wieder
auf das Vogelstellen Rücksicht. d. H.

Vorrede.

„überkommt, drehet man ein kleines Wischlein
„von Heu oder Stroh, etwan eines Fingers dicke,
„jedoch nach der Gestalt des Vogels Halse, so über-
„zogen werden soll, der wird dann mit einem Zwirns-
„faden auch an das hölzerne Häcklein gebunden:
„und giebt dieses also zusammen den Hals, Kopf
„und Schnabel. Hernach wird dieß ganz gemachte
„stroherne Corpus mit einem starken Zwirnsfaden
„nach der Zwerch dichte zusammen gebunden, nach
„der Länge des abgezogenen Vogels Fleischleiblein
„abgeschnitten. Darauf werden von dem angebun-
„denen Hals zwei Fädenlein, etwa auf einer jeden
„Seiten ein Viertel einer Ellen lang gelassen, da-
„mit die Flügelein angebunden werden, so seynd
„diese Strohwische *) recht bereitet. Es ist zu
„merken, wann sich diese Wische hinten nach dem
„Sterz zu nicht fein spitzig wollen zusammen geben,
„werden sie inwendig in der Seiten, da sie zusam-
„men gefügt, nach der Länge mit einem Messer
„ausgeschnitten und geschringet, so giebt sichs fein
„spitzig und hübsch zusammen. **)

---

*) Dies ist, um und um besehen, ein Jägeraus-
druck. Der Leser muß sich darunter nichts
anders, als einen zum Vogelfang bestimmten, auf vorbeschriebene Weise, ausgestopften Vogel, denken.   d. V.
**) Dies vorhergehende war also die damals
bekannte Ausstopfungsmethode.
                 * *   d. V.

Vorrede.

*) „Aus einem Schnürlein machet ein fein
„Schleiflein, das machet dem Vogel, den ihr also
„streifen wollet, um ein Beinlein, schneidet einen
„Schnitt mit einem Messerlein um das dicke und
„fleischechtige des Beinleins, streiffet das Häutlein
„davon ab, bis an den Bauch, und löset alsdann
„die Schleife auf, und machet sie gleicher Gestalt
„an das andere Beinlein, und streiffts auch also.
„Dann schleiffet beyde Beinlein zusammen, und löset
„mit den Fingern durch die zwey Löcherlein, so an
„der Haut der abgelöseten Beine seyn, die Haut über
„den Rücken bis an den Sterz ab, schneidet den Stertz
„loß und also vom Fleisch ab, daß die Schwantzfe:
„dern alle mit einander daran bleiben, darauf ziehet
„ihnen die Haut ab, bis an die Flügel, löset die auch
„ab, gleichwie den Stertz, bis an die fordersten
„Spitzen oder Gleiche, also daß gleichwohl alle
„Federn des ganzen Flügels mit den fördern
„Schwingfedern an der Haut oder Balg hencken
„bleiben, und nicht verletzet werden. Schneidet
„alles fettes und fleischiges von und zwischen dem
„Krampfbeinlein und der Haut, so viel möglich,
„rein hinweg, und es muß mit streyffen und ab:
„schneiden subtil umgangen, und nicht gepoltert
„seyn, damit der Balg ganz bleibe, und nicht zer=

---

*) In diesem folgenden erzählt nun unser Autor
die Abbälgung des Vogels.

d. V.

Vorrede.

„rissen werde. Streuet hernach Asche, Schwefel,
„Alaun, *) und was irgend sonsten zu langwüriger
„Erhaltung der Bälge nützlichen, in die Flügellö-
„cher, damit den Motten, so gerne an diesen Ort
„am ersten wachsen, gewehret werde; und als-
„dann streiffet die Haut weiter vom Hals ab, bis
„an die Augen, langt dieselbigen wegen ihrer gro-
„sen Feuchtigkeit heraus, schneidet den Hirnschedel
„am Hälße also ab, daß er an dem Balge hencken
„bleibet, thut das Hirn, Zunge, und alles was
„feucht und fleischigt ist, darvon, streuet des obge-
„dachten Pulvers in die Hirnschale auswendig und
„inwendig, ja über die ganze Haut. Wann dies
„also verrichtet, so ziehet einen Faden durch die
„Löcher der Augen, bindet mit demselbigen Faden
„die Hirnschale und Kopf in des Wisches Kopf fest
„ein, daß er sich nicht bewegen kan, und ziehet dann
„die Haut über das ganze corpus des Wisches.
„Wo es nicht recht über und sich schicken will, so
„greiffet fein gemählich mit zwei Fingeren darun-
„ter, und ziehets fein sittiglich zurecht, und leget
„die Flügel nach rechter proportion an die Haut,
„stechets mit einem Schustersahl oder Saul dadurch,
„und hefftets mit zwei Pfriemlein, von Hagen-

---

*) Also bediente man sich schon damals dieses
vortrefflichen Conservirmittels.

d. B.

„oder Schleendorn gemacht, fein an, daß der Flü-
„gel fein steiff stehen bleibet.

„Hinter dem Flügel wird der Stertz gestau-
„chet, daß er bleibe, will er aber nicht stehen,
„wird er auch mit einem Pfriemlein angenagelt,
„dann werden mit den zweyen Fädelein, so am
„Wische hencken bleiben, die Flügel fest zusam-
„men gebunden, und mit der Schuster-Saul
„oder sonsten einem spitzigen Nagel oder Messer-
„lein die Federn über den Faden gezogen, daß
„derselbige nicht gesehen wird. Wo dann dieser
„neu gemachte Balg noch straub ist, wird er för-
„derst mit dem Messerlein, oder Saule und Hän-
„den gestreichelt, daß sich die Federn allenthalben
„fein glatt anlegen, und welche Federlein nicht
„glatt, werden ausgerupfft und abgeschafft, för-
„ters in einem Backofen, daraus eben frisches
„Brod geschossen, trocken gemacht, und verwah-
„ret; dieß achte ich also vor die dritte und beste
„Gattung der todten Auffstecker und Bälge. ——

„Wann Motten oder Würme in den Bälgen
„wachsen, *) und die Federn daraus gehen woll-

---

*) Was man heut zu Tage, durch die erstaunliche
Erweiterung der Naturkunde in allen ihren
Theilen, überzeugend weiß, konnte Aitinger
vor 200 und mehrern Jahren nicht wissen,

Vorrede.

„ten, müssen sie abermals in einen Backofen ge-
„stossen, und also vor Feuchtigkeit wiederum ver-
„wahret werden, so bleibet das Ungeziefer darauß,
„und wann es schon darinnen, verliehret sich's
„wiederum vom Backen. Es ist dieses fast alle
„Viertel Jahr einmahl nöthig, wenn sie erhalten
„werden sollen. Etliche legen sie dann in Wer-
„mut, Hopfen, Beifuß, Botrys oder Katzen-
„Pfötlein mit roth und weisen Blümlein in ein
„Kästlein. Etliche beräuchern sie mit obgemeldten
„Kräutern und Schwefelpulver, legen auch wohl
„Nießwurtz darbey.

„Man brauche aber hierzu Künste, wie man
„wolle, so haben sie selten über ein Jahr oder
„drey Bestand, *) ja wenn sie auch im Rauch

nemlich: daß in faulenden oder gährenden
Substanzen keine Würmer (Larven) von
sich selbst wachsen können, wenn nicht zuvor
ein Inseckt seine Eyer hineinlegte.   d. V.

*) Diese Stelle gibt gewiß den unzweideutig-
sten Beweiß von des alten Autors Aufrich=
tigkeit, und ist vermögend, heuer so man=
chem Künstler, der sich im Besizze untrügli-
cher Conservirmittel — bei unbedeckter Hinstellung eines ausgestopften Thieres — wähnt,
eine Schaamröthe abzuzwingen.   d. V.

„erhalten würden, welcher doch den weissen und
„bleifahlen Federlein nicht dienet; sondern ihre
„Farbe verderbet." ꝛc.

Ich wünsche, daß man diese Urkunde von
Aitinger — die doch immer als ein wichtiger
Beitrag zu dem Alter der Ausstopfkunst zu be=
trachten ist — nicht ungern aufgenommen ha=
be; und auch der Anfänger kann sich nun einen
ziemlich vollständigen Begriff von der damali=
gen Verfahrungsart machen, zu dessen From=
men ich eigentlich die ganze Methode wörtlich
allegirte.

In der zweiten Hälfte unsers Jahrhunderts,
als alle Wissenschaften mit Riesenschritten im auf=
geklärtern Theil Europa's vorwärts eilten,
und wo man besonders für die vorher geschlum=
merte Naturkunde — weil sie unter allen Wissen=
schaften den Forscher die angenehmste Unterhal=
tung gewährt, und die reizendsten Aussichten
eröffnet, alles mögliche that — als noch kaum
vorher das unsterbliche Genie eines Linné in
Schweden, mit rastloser und eiserner Thätigkeit
in die Dunkelheiten einbrach, und das ganze da=
malige Chaos des Naturreichs, in wissenschaft=
licher Hinsicht, zu einem festen System bildete,
wo dem nacheilenden Forscher im ganzen Europa

zum weit leichteren Studium nun richtige Begriffe für jeden Naturgegenstand fixirt waren — damals, sage ich, fing man hauptsächlich auch an, auf die thierische Präparate — jetzt nicht ausschliesend mehr zur weidmännischen Berückung ihres gleichen, sondern vorzüglich, durch das genaue Anschauen und richtige Untersuchen, für die Erweiterung der Zoologie bestimmt — eine besondre Sorgfalt zu wenden. Methoden und neue Ideen jagten jetzt einander, und mancher Adept, der auf einmal den Stein der Weisen gefunden zu haben glaubte, hüllte sich sorgfältig in seine Mysterien ein. Aber, spät oder frühe, war sein Wissen nur Stückwerk, und seine Präparate giengen wohl eher den Weeg alles Fleisches, als er kaum ahnden konnte, daß seine Kunst ihn so schrecklich im Stiche lassen würde.

Seit etwa dreißig oder vierzig Jahren schrieben Engländer, Franzosen und Deutsche mehrere Abhandlungen, die das Sammeln und Aufbewahren zoologischer Produckte zum Gegenstande hatten. Welch einen schätzbaren Beitrag mußten diese Schriften nicht dem Naturforscher gewähren! Ihm, der nun erst, da er die Thiere zum Aufheben für Kabinette zu präpariren wußte, Zeit, und mit ihr, gründlichere Untersuchung auf die in-

dividuellen Beschreibungen verwenden konnte, als
es vorher der Fall war. Jetzt erst konnte er, zu
jeder Zeit, sich in seinem Kabinette die nöthigen
Aufschlüsse über muthmasliche Irrthümer ver=
schaffen und diese nach und nach zerstreuen!
Wer mag wohl daran zweifeln, daß, ohne die
Kenntnisse der thierischen Präparate für Kabi=
nette, dieser wichtige Theil der Naturkunde noch
in einer sehr elenden, mit unzähligen Irrthü=
mern verwebten Verfassung sich befinden müßte?

Wenn, nach dem grosen Linné ein Büffon
und Brisson unter den Franzosen, ein Pennant
und Latham unter den Britten, und unter unsern
Landsleuten ein Klein, Blumenbach, Götze und
Bechstein – dieser geschätzte klassische Schriftsteller,
der durch Gründlichkeit und rastloses Bestreben in
seinen unschätzbaren Werken, hauptsächlich die
Ornithologie ihrer ursprünglichen Reinheit ge=
wiß nahe gebracht hat — in jeden Zweig der
Naturkunde näheres Licht zu verbreiten suchten,
wenn sie entweder auf das schwedische System
fortbauten, oder ganz neue Systeme entwar=
fen — kurz, wenn sich diese grosen Männer,
mit noch vielen andern, durch unzählige Be=
obachtungen, einzig bemühten, die Naturkun=
de ihrer reinen Quelle näher zu führen, und

Vorrede.

wenn man ihnen für diese grose Arbeiten, für ihre neue Entdekkungen, alle Bewunderung schuldig ist — — so dürfen auch die Männer gerechten Anspruch auf unsre Dankbarkeit machen, die entweder durch eigne chemisch technogische Versuche an den Thieren, oder auch durch Publicität, bis dahin nur zerstreuter Kenntnisse und Erfahrungen in diesem Fache, der Thiergeschichte einen so wichtigen Beitrag verschafften. Denn jetzt erst konnte mehrere Gründlichkeit aus der Zoologie gezogen, und so das Schöne mit dem Nützlichen verbunden werden. — —

Die künstliche Bearbeitung der Säugethiere und Vögel ist einzig nur der Gegenstand vorliegenden Werkes; und die seit etwa vierzig Jahren und auch wohl früher noch darüber erschienenen Schriften verschiedener Nationen hier alle anzuführen, würde für die meisten deutschen Kunstliebhaber von keinem wesentlichen Nuzzen, im Ganzen aber auch zu weitläufig seyn. Kein, weder älteres noch neueres Werk in den Versuchen der Ausstopfkunst, habe ich dieser Schrift zum Grunde gelegt, wovon sich der sachkundige Critiker überzeugen kann; ich suchte nur ähnliche Methoden einiger meiner Freunde mit den meinigen zweckmäßig zu vereinbaren, gieng aber in dem Vortrage und der Entwicklung meinen eignen Weeg. Von aller Selbstsucht weit entfernt, glaube ich meine Schrift wohl noch mancher Verbesserung fähig; und zweckmäsiger wird nur dann ein Lehrbuch, wenn sachkundige Männer, beseelt von dem Wunsche nützlich zu werden, aufrichtig einander die Hände bieten.

Geschrieben im Frühling, 1798.

Der Verfasser.

Inhalt.

	Seite
Einleitung.	
Erster Satz: Der Anfänger in der Kunst des Ausstopfens studire den theoretischen Theil der Naturgeschichte.	3.
Zweiter Satz: Auch den practischen Theil.	6.
Dritter Satz: Er muß den ausgestopften Thieren ein eignes Zimmer widmen können.	17.
Vierter Satz: Er muß einiges Geldvermögen besitzen.	18.

Inhalt.

Erste Hauptabtheilung.
Beschreibung der vollständigen Werkzeuge und Materialien zum Ausstopfen.   Seite 20.

Zweite Hauptabtheilung.
Vom Ausstopfen der Vögel.

I. Unterabtheilung.
Ueber die Beschaffenheit eines zum Ausstopfen bestimmten Vogels   43.

II. Unterabtheilung.
Das Abbälgen des Vogels   51.

Bemerkungen.
§. 1. Verfahrungsart, wenn der Balg nicht über den Kopf gezogen werden kann   61.

§. 2. Wenn Löcher im Balge sind   62.

§. 3. Bei fetten Vögeln   63.

§. 4. Wenn der Schenkelknochen zerschmettert ist   63.

§. 5. Bei kleinen Vögeln braucht man den Flügelknochen, woran die Schwungfedern gewurzelt sind, nicht überzuziehen   63.

Inhalt.

§. 6. Bei grosen Vögeln werden die Beine aus der Pfanne gelößt   64.

§. 7. Nur bei Vögeln, die fliegend vorgestellt werden sollen, löst man die Flügelknochen aus der Pfanne   64.

§. 8. Vögeln, die lange Hälse haben, zieht man, beim Abbälgen, einen Faden durch die Nasenlöcher   65.

III. Unterabtheilung.

Das Ausstopfen des Vogels   66.

Bemerkungen.

§. 1. Der künstliche Körper darf weder dikker noch länger als der natürliche seyn   78.

§. 2. Das Abmessen des Körpers wird, nach einigen Uebungen, nicht mehr nothwendig   79.

§. 3. Der Hals darf nicht zu lange seyn   80.

§. 4. Kleine Vögel können mit Nadeln zugesteckt werden   80.

§. 5. Bei grosen Vögeln werden die Flügel angenäht   81.

§. 6. Vögel, die besonders groß und schwer sind, und lange Beine haben,

xxx Inhalt.

Seite

brauchen differe Fußdrähte als der Körperdraht ist   82.

§. 7. Der fliegend vorgestellte Vogel   83.

§. 8. Wenn er auf einem Beine stehen soll   84.

§. 9. Nuzzen des Schwanzdrahts   85.

§. 10. Behandlungsart, wenn der angeschlossene Flügel an grosen Vögeln, seine natürliche Wölbung wieder erhalten soll   86.

IV. Unterabtheilung.

Ueber die Stellungen der ausgestopften Vögel   86.

Dritte Hauptabtheilung.

Vom Ausstopfen der Säugethiere überhaupt   89.

I. Unterabtheilung.

Ueber die erfoderliche Beschaffenheit eines zum Ausstopfen bestimmten Säugethieres   94.

Inhalt.

II. Unterabtheilung.

Das Hautabstreifen des Säugethiers   96.

Bemerkungen.

§. 1. Zum bequemern Säubern des Kopfes mancher Säugethiere ist siedendes Wasser gut   =   103.

§. 2. Bereitung der Haut gröserer Säugethiere   =   104.

§. 3. Verfahrungsart bei dem Abstreifen Hörnertragender Thiere   106.

§. 4. Das Formen der künstlichen Hüften und Schenkeln ist besonders nothwendig   108.

III. Unterabtheilung.

Das Ausstopfen des Säugethiers   111.

Bemerkungen.

§. 1. Den Körper und Schwanzdraht aus einem Stükke zu nehmen, ist nicht rathsam   =   117.

§. 2. Grosen ausgestopften Säugethieren müssen die Zehen fest an das Postement angebunden werden   =   118.

§. 3. Wenn das Säugethier eine zusam=
mengekauchte Stellung haben soll,
so wird der künstliche Körper klei=
ner, als der natürliche   119.

§. 4. Verschiedne Behandlungsarten beim
Zunähen des Mundes   120.

§. 5. Die Ausfüllung ganz groser Säu=
gethiere   =   121.

§. 6. Behandlungsart bei hervorstehenden
spizzen Ohren ausgestopfter Säu=
gethiere   =   122.

IV. Unterabtheilung.

Ueber die Stellungen der ausgestopften
Säugethiere   125.

Vierte Hauptabtheilung.

Ueber das Aufbewahren der Vögel und
Säugel   129.

Schluß.   152.

Einleitung.

Ich habe bereits in der Vorrede bemerkt, daß derjenige, welcher sich mit der Kunst des Ausstopfens befassen will, entweder sehr viele Geduld und Beharrlichkeit besitzen, oder sich dieselbe vom Beginnen des Geschäfts an, unbedingt eigen zu machen suchen muß. Thut er dies nicht, so wird alle Mühe, auch ein nur leidliches Exemplar auf die Beine zu bringen, vergeblich seyn. Nur zu frühe wird er mißmüthig, legt die Zwitterfigur bei Seite, und ärgert sich über seine mißlungenen Handgriffe, wovon er die Ursache indeß meistens in der ihm mangelnden Geduld zu suchen hat. Kann er bei erneuerten Versuchen seine Geduld immer noch nicht bezügeln, so sey ihm dies ein Wink, diese Kunst nicht gründlich erlernen zu können; und noch weitere Versuche müssen ihn dann vollends zur Entscheidung bestimmen. Hat er bereits Kenntnisse von Naturalien, und verbindet sogar Geschmack im Sammeln und Aufstellen derselben, so muß ihm dies um so schmerzhafter seyn, nichts Natürliches aus seinen Händen hervorgehen und sich hin und wieder von einem Menschen in der Handarbeit übertroffen zu sehen, der an Naturkenntnissen wohl weit hinter ihm stehen mag. Er entsage also lieber einer Kunst, in der er kein Virtuose (man erlaube hier diesen Ausdruck) werden kann, da ihm eine der Hauptrequisiten — Geduld — mangelt, oder besser, sie nicht zu bemeistern vermag. Irren würde aber der, welcher in einigen Wochen schon Meisterwerke zu liefern gedächte. Nur, wie überall, also auch hier, hängt die Vervollkommnung von der Zeit und vielen Uebungen ab. — Man wird begreifen, daß ich für einigermaßen schon ausgebildete Liebhaber, die die Kunst des Ausstopfens zu ihrem Vergnügen und Nuzzen erlernen wollen, diese und ähnliche Bemerkungen mache; eben so, als ich zugleich erklären muß, daß diese Blätter überhaupt nicht ausschließend für ganz junge Anfänger geschrieben sind.

Ich bin demnach überzeugt, was man auch dagegen einwenden möchte, daß nicht jeder Liebhaber, geradeso nach Willkühr, sich mit dem Ausstopfen befassen kann. Nicht einmal der schon von Andern gemachten übrigens ganz richtigen Bemerkung zu gedenken, daß nemlich diese Kunst weder so schwer, noch aber auch so leicht ist, wie manche wohl wähnen. Von dem ausharrenden Fleiße nur hängt nach und nach die Vervollkommnung, so wie eine gewisse Fertigkeit ab.

Demjenigen Liebhaber nun, der die obgedachten Natureigenschaften besitzt, schicke ich weiter noch folgende vier Sätze zu seiner besten Beherzigung voraus. Er gehe nicht gleichgültig darüber weg, denn über kurz oder lang würde er einsehen, daß mir die Wahrheit zur Seite stehet:

Erster Satz.

Dem Liebhaber rathe ich, und gewiß mit allem Grunde, daß ehe und bevor er seine Arbeit beginnt, er sich mit der Naturgeschichte der Säugethiere und der Vögel — hauptsächlich aber mit letzterer, indem die ausgestopft werdenden Gegenstände dann doch meistens Vögel sind — dergestalt bekannt zu machen suche, daß er nicht allein ihre Nahrung, Fortpflanzung und Aufenthalt, sondern auch die Verschiedenheit der Geschlechter, nach ihren so ziemlich richtigen äusserlichen Kennzeichen, hauptsächlich aber ihre verschiedne Stellungen und Gebärden — als worauf beim Aufrichten eines ausgestopften Exemplars bekanntlich so vieles ankommt und wo der Kenner augenblicklich sehen wird, wes Geistes Kind der Verfertiger sey — recht gut wissen muß. Bechsteins allgemeine Naturgeschichte Deutschlands nach allen drei Reichen, wovon die bereits erschienenen vier Bände die Naturgeschichte der Säugethiere und Vögel in sich fassen — dieses klassische in jeder Rücksicht vortreffliche Werk eines selbst beobachtenden und denkenden Mannes empfehle ich daher dem Anfänger zu diesem Behufe. So ansehnlich auch der Preis ist, so ist es dem Liebhaber, der gründlich unterrichtet seyn will, dennoch unentbehrlich. Seiner Aufmerksamkeit wird sich hier ein Schatz von Erfahrungen und Kenntnissen öffnen, die es ihm leicht machen werden, sich bald, auch ohne alle weitere Anleitung, in einem nicht geringen Grade zu vervollkommnen. Dadurch wird er auch aller weitern kostspieligen Schriften zu seinem Zwecke überhoben, wenn es ihm anders blos darum zu thun ist, die vaterländischen Thiere näher kennen zu lernen. Nur Borkhausens bei Varrentrapp und Wenner in Frankfurt kürzlich erschienene deutsche Fauna, wovon der erste Band die oben gedachten vier Bechsteinschen Bände in gedrängter Kürze und zu einem mäßigen Preise enthält, verdiente, nach meiner Meinung, deswegen noch eine Ausnahme, weil die äusserlichen Geschlechtsverschiedenheiten der verschiednen Arten mehr darin erläutert und die deutschen Vögel mit einigen bisdaher unbekannten Arten bereichert worden sind.

Die Stellungen sind also wohl ohne Frage ein Haupterfordernis beim Ausstopfen; allein wenn der Liebhaber desfalls seine Kenntniß blos in Theorien suchen wollte, so würde er nur gar zu oft unbefriedigende Nachrichten erhalten. Dies würde ihn dann unfehlbar hin und wieder straucheln machen, eine fatale Blöse, die dem Kenner sogleich ins Auge fiele. Gute Zeichnungen berühmter Meister, die die Natur ebenfalls nicht blos aus Büchern, oder kopirten Zeichnungen kennen, thun bei den Stellungen zwar übrigens vortreffliche Dienste. Aber wozu dies, wenn die Natur selbst winkt? Nur bei solchen seltnen Vögeln, die man schwerlich lebend zu sehen kriegt, würde ich sie empfehlen. Ist man einmal in seinen Naturkenntnissen weiter fortgerückt, so wird man auch dem Vogel aus einer sehr seltenen Gattung die ihm angemessene Stellung bald zu geben wissen.

Daraus folgt also nothwendig der

Zweite Satz,

daß er die Thiere in ihrem freien Aufenthalte zu belauschen suchen muß. Ein doppeltes Vergnügen mit großem Nutzen verbunden, wie ich nachher zeigen werde, würde es ihm seyn, wenn er zugleich die Jagd mäßig liebte, und sich, um der Vögel hauptsächlich habhaft zu werden, wenigstens die allerersten Jagdprincipien desfalls verschaffte. Es ist dies um so nothwendiger, da die meisten und hauptsächlich seltnern Vögel äusserst scheu sind, und gewöhnlich nur durch weidmännische List zur Beute werden. Dies setzte voraus, daß er entweder ein Jagdrevier ungehindert zu begehen — welches, auf den Fall eigner Jagdliebhaberei freilich das beste wäre — oder doch wenigstens die Bekanntschaft mehrerer Förster hätte, die ihm zu seinem Zwekke behülflich wären. Die Vortheile davon sind wohl von selbst einleuchtend; denn nicht nur, daß er seine Sammlung weit eher berei: chern, manchen seltnen sonst schwerlich erhaltnen Vogel erbeuten, und sich über die meistens von ihm selbst beobachteten und durch richtige Schüsse er: legten Vögel, beim Ausstopfen doppelt ergözzen kann; so entspringt daraus auch noch der große Vortheil, die Stellungen und Gebärden der Vögel richtig ins Auge zu fassen, und so dem Gedächt: nisse zu imprimiren. Hat er gar kein Vergnügen an der Jagd — welches ich jedoch zu seinem vor: theilhafteren Zwekke nicht wünsche, indem mit der Naturgeschichte die Jagd — hier im engern Ver: stande genommen — und erstere hinwiederum mit dem Aufstellen natürlicher Körper immer in einer gewissen Verbindung steht — oder muß er Jagd: kollegialischer scharfer Verordnungen wegen, wie dies noch hie und da im teutschen Vaterlande der Fall ist; daß nemlich kein Forst und Jagdbeamte, bei nahmhafter Strafe, irgend einen Liebhaber, sollte es auch nur um einen Vogel zu schießen seyn, mit auf die Jagd nehmen darf — auch auf diese Stüzze Verzicht thun, dann steht es freilich schon schlimmer um die Bereicherung seiner Sammlung.

Er muß sich alsdann blos mit denjenigen Vögeln begnügen, welche ihm der Revierjäger dann und wann bringt. Ich sage mit Vorsatz dann und wann; denn ich weiß es aus Erfahrung, wie langsam das Sammeln auf diese Art vor sich gehet, der Präsente und Kosten nicht einmal zu gedenken, die im Ganzen dann doch immerhin einen nicht unbeträchtlichen Aufwand erfordern. Wollen wir den Fall annehmen, daß der Jäger bei der ihm gemachten Bestellung, auf Bezahlnng eines so geringen Gegenstandes, als ein Vogel sey, großmüthig Verzicht leiste, so wird man demungeachtet, leider nur zu häufig in seinem Sammeln aufgehalten, und verliert, wenn dies Jahre lang dauert, wohl nach und nach den Muth. Der meistentheils so gering besoldete Jäger, mit den besten bereitwilligen Gesinnungen, bedenkt dann doch bei näherer Beleuchtung, entweder den ansehnlichen Pulver- und Bleiaufwand, oder er bemerkt, an häufige Dienstgeschäfte gekettet, nicht einmal den Vogel, der als eine vielleicht seltene Art, nicht weit über oder neben ihm sitzt; er schleicht vorüber, und der Sammler, wenn er dergleichen Vorfälle hört — knirscht. Dianens Priester mögen desfalls mich nicht schief beurtheilen, oder gar auf mich zürnen, denn um aller Güter willen möchte ich's mit diesen nicht verderben; sie, mit denen ich schon manche frohe Stunde verlebt habe. Manche werden mich, ohne daß ich meinen Satz näher zu beleuchten nöthig hätte, ohnehin verstehen, denn jeden Dankes würdig, haben sie mir hülfreiche Hand geleistet und thun es noch. Aber mit Wahrheiten muß man dem Anfänger doch auch an die Hand gehen, wenn die eiserne Nothwendigkeit gleich oft verbietet, sie überall zu üben.

Zu diesen Uebeln gesellet sich indeß noch ein weit schlimmeres. Ich meine, die zum Erstaunen geringe Kenntniß so vieler Jäger in der Ornithologie (Naturgeschichte der Vögel) und die wenige Mühe, die sie sich geben, einen auf ihren Jagdgängen etwa bemerkten, nicht alltäglichen Vogel zu hinterschleichen. Macht der Vogel Miene fortzufliegen, oder geschiehet dies würklich, dann ist's ohnehin mit allen fernern Nachstellungen aus, und der Jäger sagt auf diesen Fall gewöhnlich: Es war ja nur ein Vogel! —

Freilich können wichtige Geschäfte öfters ihm einen Zeitverlust kostbar machen, den er auf die

Erbeutung eines Vogels nicht verwenden kann. Aber eben deswegen tritt gewissermasen die Nothwendigkeit ein, sich die ersten Jägerkenntnisse eigen zu machen; jedoch voraus gesezt, daß der Liebhaber in irgend einem Flekke Deutschlands wohnt, wo kein strenger Jagdkollegialbefehl sein Forschen nach Wahrheit und sein nüzliches Vergnügen mittelbar niederdrükt. — — —

Es ist ferner auch nicht genug, ein Thier zur Vollständigkeit der Sammlung blos zu besizzen, ohne sich übrigens viel darum zu bekümmern, ob es durch Zufall gut oder schlecht beim Ausstopfen gerathe. Den, welcher diesen Grundsaz hegte, würde ich von ganzem Herzen bedauern. Nein es erfordert mehr! Das Thier sauber und gut auszustopfen, mit einem Worte, es der schönen Natur, nach Kräften, nahe zu bringen — denn ganz erreicht wird sie freilich selten — dies muß zugleich des Endzwek des Liebhabers seyn.

Beweise zu den Säzzen, die ich wegen den erforderlichen natürlichen Stellungen der Thiere und ihrer leichtesten Sammlung vorgetragen habe, wird wohl Niemand von mir fordern, da sie jedem Unbefangnen von selbst einleuchten müssen. Wer also keine Naturgeschichte kennt, selbst die gemeinsten Thiere in ihrer Freiheit nicht einmal belauscht (sollte dies auch nur, statt der Flinte, mit dem gewöhnlichen Spazierstokke seyn, als welchen in Feld und Wald mit sich zu führen, dann doch bis dato kein Gesetz, meines Wissens, verbietet) und darüber überhaupt als eine Sache wegschlüpft, die sich von selbst schon ergäbe, oder die er, bei einer einzigen Excursion, schon ganz zu wissen wähnt — ein solcher, sage ich, wird, um mich des gelindesten Ausdrucks zu bedienen, ein unnatürlicher Ausstopfer werden. Belege hiezu findet der Kenner beinahe in jeder mäßigen Stadt, weil die Lust zum Ausstopfen in der neuesten Periode beinahe überall, nicht so aber die nothwendig damit verbunden seyn müssenden Naturkenntnisse herrschen.

Ich kenne Leute, die, wer weiß wie viele Jahre schon, sich mit dem Ausstopfen beschäftigen, aber dar Allernothwendigste, — die Natur — dabei nicht zu Rathe gezogen haben. Das Werk ihrer Hände liefert aber auch hiezu die unzweideutigsten Beweise. Denn so breiten Manche, die Schwänze aller Vögel gleich einem Fächer aus, indem sie dies für eine wesentliche Schönheit der ausgestopften Exemplare halten. Andre stellen ihre Vögel alle mit ungebogenem, Manche mit zu stark gebogenem Knie; wiederum Andere, die ihre Vögel sammt und sonders nach einerlei Richtung sehen lassen. Wozu dies alles? Was braucht man der Natur Gewalt anzuthun, oder ihr, auf ihre Unkosten zu schmeicheln — sie, die vom Beginnen der Schöpfung, ihren ungekünstelten und doch so reizenden Weg gehet? Der, welcher die Thiere im Freien beobachtet, ich wiederhole es, wird selten auf einen Irrweg gerathen, und die Natur im Tode verunstalten.

Man erlaube, daß ich hier zwei Beispiele anführe, die allerdings als Beweismittel gelten können, wie man wohl durch eine Reihe von Jahren viele Fertigkeit erlangen, einen Flügel richtig und glatt anschiesen und den ganzen Vogel sauber befiedert vorstellen; nicht so aber, daß man ihn der Natur getreu aufstellen kann, kurz, daß man trotz Tausenden von Schöpflingen, welche hier und dort Sammlungen zieren sollen, ohne Naturkenntnisse, immerhin — ein Stümper bleibt:

Ein gewisser schon ziemlich bejahrter Mann besaß nemlich die seltne Aufrichtigkeit bei einem

mir gemachten Besuche, geradezu zu gestehn: daß
es ihm nie eingefallen wäre, die Thiere im Freien
zu beobachten, oder daß er wohl gar naturhistori-
sche Schriften über seinen Gegenstand habe studiren
mögen; auch verstünde er von der Nomenclatur
nur einiges. Dies alles hätte inzwischen, so wie
er mich auf seine Ehre versichern könnte, bei ihm
keinen Unterschied gemacht, indem er wohl über
2000 sauber und wohlgerathne Vögel — etwa
100 Stück (man denke doch 100, schreibe Einhundert Stück) als nicht zum besten ausgefallene
und daher vernichtete Anfangs-Exemplarien ausgenommen — ausgestopft, und damit schon manchen
schönen Gulden, hauptsächlich von Domherrn und
andern Herrschaften, erlößt habe; er rathe mir
daher, den nemlichen Weg, was die gute Bezalung
anbeträfe, zu gehen, — ich hätte eine so ziemliche
Idee in den verschiedenen Stellungen meiner Vögel
(denn gut zu sagen, das litte des Mannes Ehrgeiz
nicht, weil ich in meiner Kunstperiode freilich bis
jetzt weder zweitausend Vögel ausgestopft, noch aber
auch keine hundert mißglückte Stücke weggeworfen
habe) ich sollte ihm dreust folgen, und könnte einer guten Geldernd̲te gewiß seyn, u. s. w.

Noch hatte ich zwar zur unbezweifelten Würdigung diesen unter den Vogelbälgen so schrecklich gehaußten Mannes, keins von jenen zweitausend Exemplaren gesehen, weil er keinen Vorrath besaß, und seine Vögel parthie- und stükweise, wer weiß wohin alle, verkauft hatte. Nach der Hand war ich aber dennoch so glücklich, ein für die Summe von vierzig Kreuzern noch nicht lange ausgestopftes grünfüßiges Meerhuhn (fulica chloropus L.) zu erblikken, um mich an dessen Anblick zu — entsezzen. Eine gräßlich ausgedehnte Figur von zwei senkrechten ungleichen Beinen unterstützt. Wie mögen erst die einhundert vernichtete ausgesehen haben! Gott bewahre! Wie bedaure ich die guten Domherrn und die andre Herrschaften!!

Unmöglich kann der Mann, dieser Anzeige wegen, auf mich zürnen, denn, seinen Grundsäzzen getreu, und mit naturhistorischen Schriften verfeindet — wie wird es ihm einfallen, mein Werkchen zu lesen?

Ein Anderer, der sicherlich mit nicht weniger als der oben gedachten großen Summe hin und wieder die Sammlungen verkäuflich heimgesucht hat, tritt nicht viel besser oft die Natur mit Füßen. Nicht nur, daß er nach seinem Grundsatz, in die Bälge so vieles Werg einzuschieben, als nur immer möglich ist, Säugethiere und Vögel daher ungewöhnlich ausdehnt, und von letztern ein Goldhähnchen (motacilla regulus L.) der Gröse einer Blaumeise (parus coeruleus L.) diese aber hinwieder der Peripherie eines Buchfinken (fr. coelebs L.) gleich bringt, und in diesen Verhältnissen beständig fortarbeitet — so scheint er auch darauf einen ganz vorzüglichen Werth zu sezzen, Vögel aus allen Ordnungen und Gattungen mit möglichst senkrechten Füßen — sogar bei den Singvögeln die Schenkel mit herausgezogen — dergestalt auf die Postemente aufzupflanzen, daß sie, wie der Soldat auf der Parade, dem Kömmando aufzupassen scheinen. Vorzüglich gewähren die strakken Füße seiner Raubvögel den sonderbarsten Anblick, und bei einer Halbweyhe (falco pygargus L.), die mit ihren ohnehin langen dünnen Beinen auf die vorgedachte Art Posto gefaßt hat, kann sich auch der Halbkenner kaum des Lachens erwehren. Mann weiß gar nicht, was der Mann eigentlich mit dieser Struktur sagen will; unbezweifelt muß er es für eine große Zierde halten. Seine Vögel sind zwar sehr reinlich und sauber verfertigt, aber wozu hilft dies, wenn die Natur verläugnet und einer Eule die Stellung einer Drossel gegeben wird. Der Kenner wird begreifen, daß bei der ungewöhnlich starken Ausfüllung der Vogelbälge, es beinahe nicht möglich sey, den Flügel glatt und am gehörigen Flekke anzuschliesen: Allein dafür weiß unser Mann schon Rath. Er preßt sie, sollte auch die untere, zwar bedeckte Flügelhaut in Stükke gehen, mit aller Gewalt an den Körper, und leimt sie mit dem stärksten köllnischen Leim an. Um sich das Ansehen eines Mannes verschaffen zu wollen, der die untrüglichste Art und Weise der Ausstopfkunst nur allein in seiner Gewalt habe, und der nur allein im Besizze von Conservirmitteln sey, wodurch er einem herandringenden Heere von Speckkäfern (bekanntlich die ärgsten Feinde ausgestopfter Thiere) muthig Trotz bieten könnte — verschließt er sich während dem künstlichen Actu in sein Zimmer, so daß kein sterbliches Auge in seine Geheimnisse dringen soll. — Welch ein lächerlicher Egoismus! So weit können Schwachheiten, Irrthümer und unglückliche Ideen einen Mann hinreissen, sich, bei Naturunwissenheiten, für einen sehr großen Künstler zu halten,

wo

wo der partheilose Kenner dann doch den Stümper sieht, sollte er auch noch in seinem künftigen Lebenslaufe abermals zweitausend Thiere ausgestopft zur Schau hinstellen können. Ein Schaumburg in Kassel mag es meinem Manne wohl zu gut halten, wenn er ihn weit hinter sich wähnt. — Wer mag ihn beneiden!!

Dritter Satz.

Der Liebhaber muß seinen aufgestellten Thieren ein eignes, nicht kleines und dabei sehr helles Zimmer widmen können. Dies ist um so nothwendiger, da nicht nur die immer mehr und mehr wachsende Sammlung, hauptsächlich von grösern Thieren, endlich einen beträchtlichen Raum erfordert, sondern daß auch die Luft durch das Eindörren der an den Knochen der Thiere hangen gebliebenen Fleischfasern, für ein Schlafzimmer, wo nicht schädlich, doch wenigstens den Geruchsnerven äusserst unangenehm wird. Denn so viel Mühe und Zeit man auch darauf verwenden mag, den Kopf eines grosen Vogels oder gar eines Säugethieres, z. E. eines Fuchses, einer wilden Katze oder eines Rehes von allen Fleisch- und Gehirntheilen zu reinigen, so wird dennoch manches am Schädel hängen bleiben, welches dann, wenn es in Gährung übergeht, jene böse Ausdünstungen verursacht.

Also auch diese dritte Erforderniß wird dem Liebhaber gleich nothwendig, der seine Sammlung nach und nach zu vervollkommnen gedenkt. Sollte er inzwischen mit dem Besitze nur weniger, aber vorzüglich schöner und gut gearbeiteter Vögel sich begnügen wollen, so bedenke er doch ja, daß er erst eine gewisse Anzahl fertigen muß, bis der eine oder andre Vogel seinem guten Geschmacke und seiner richtigen Idee entspricht. Will er die andern Vögel nun alle wegwerfen, so habe ich nichts dagegen, wenn er die wenigen hinter Glas in seinem Wohnzimmer aufhängt.

Vierter Satz.

Der Anfänger, sobald er die Idee einer starken Sammlung nährt, muß wenigstens so viel Vermögen besitzen, daß es ihm keinen wesentlichen Unterschied machen darf, denen damit verknüpften Ausgaben gewisse Summen widmen zu können. Ich rechne dahin nicht allein Präsente für geschossene und die Bezahlung der — wie dies doch oft der Fall seyn möchte — irgendwo erkauften Thiere, sondern auch die weit beträchtlichern Geldausgaben entweder für die von Pappendekkel verfertigten und jedes mit einer Glasscheibe besonders verwahrten Kästchen, oder für sehr gut vom Schreiner gearbeitet seyn müssende Glasschränke zur Aufbewahrung. Wer mir einwenden wollte, daß durch das freie und unbedeckte Hinstellen eines Thieres, diese allerdings grose Kosten erspart würden, den verweise ich auf die vierte Hauptabtheilung dieses Werkchens, wo von der Aufbewahrung ausgestopfter Thiere die Rede ist. Dort wird er hoffentlich befriedigende Antwort erhalten.

Dem Plane gemäß, den ich mir von der Einrichtung dieser Schrift entworfen habe, glaubte ich vor allen Dingen dem Liebhaber die obigen vier Sätze zu seiner Beherzigung vorlegen zu müssen, ehe er würklich anfängt, die Ausstopfkunst nach allen ihren Theilen zu üben.

Erste Hauptabtheilung.

Ueber die vollständigen Werkzeuge und Materialien zum Ausstopfen.

Bevor man ein Thier für seine Sammlung präpariren will, muß man, nach meinem Dafürhalten, erst die erforderlichen Werkzeuge kennen. Deswegen verdienen sie wohl eine eigene Abhandlung.

Klein ist zwar das Geräthe, wenigstens sind die Kosten zu dessen Anschaffung von keiner grosen Bedeutung. Inzwischen dünkt mich, daß eine genaue Specificirung desselben — einige Kleinigkeiten ausgenommen — mit ihrer jedesmaligen nützlichen Anwendung, hier nicht am unrechten Orte stehe.

Man wundere sich nicht, eine grösere Anzahl von Werkzeugen, als gewöhnlich angegeben wird, und eben so manche nicht zu finden, die andere Schriftsteller als nothwendig angezeigt haben.

Bei meiner Behandlungsart der Thiere, schienen die einen mir erforderlich, die andere aber überflüßig zu seyn.

a) Ein sehr scharfes Federmesser, mit breitkantigem Stiele.

Beim Abbälgen wird dieser Stiel statt des gewöhnlich spizzen, weit bessere, und wegen des Zerreissens der Haut, weit sorgfältigere Dienste leisten.

b) Ein ordinaires Taschen- oder Brodmesser.

Da das Federmesser nur zum Aufschneiden der Haut und kleinern Nachhülfen gewidmet seyn soll, so würde es beim Zerschneiden der Sehnen, Abtrennung des Kopfes vom Halse, und der Entfleischung von Flügeln und Schenkeln gröserer Thiere, bald stumpf und verdorben werden. Bei letztern würde man seinen Zweck auch nicht einmal so gut damit erreichen, als mit dem grosen Messer geschiehet. Es dient ferner zum Zurechtschneiden der Aeste, worauf manche Vögel gesetzt werden, und mehrern Arbeiten.

c) Mehrere Bohrer verschiedner Gröse.

Die grosen werden zum Löcherbohren in die Postemente, worinn die Aeste zum Sizze verschiedner

Vögel gesteckt werden, die ganz kleinen aber nach Verhältnis der Fusdrahtdikke, zum Bohren in die Aeste selbst gebraucht. Bestehen die Fusdrähte aus Haarnadeln, wie z. E. bei den meisten Singvögeln, so ist

d) Ein ganz dünner, geraber und spizzer in ein hölzernes Heft befestigter Pfriemen

zum Löcherstechen in die dünnere Aestchen am tauglichsten.

e) Mehrere gewöhnliche Schusterpfriemen verschiedner Gröse.

Ihr Nuzzen besteht hauptsächlich darinn, die Augen der Thiere aus dem Kopfe zu stechen — welches wegen der kleinen Krümmung an der Spizze dieser Instrumente weit leichter und sichrer, und ohne die aus der Hirnhaut fliesen und die Kopffedern besudeln könnende Feuchtigkeit befürchten zu müssen, als mit einem Federmesser bewerkstelligt werden kann — das Werg in die gesäuberte Hirnschale fest nach und nach einzudrücken, und die Baumwolle durch den Schnabel des schon ausgestopften Vogels zur völligen Ründung des Halses und der Wangen, sanft und überall gleich vertheilt, zu schieben. Sicherlich werden durch die ses Verfahren die ungestalteten Hälse am leichtesten und sicherſten vermieden,

f) **Ein eiſernes, oder knöchernes gewöhnliches Ohrlöffelchen.**

Bei kleinen Vögeln wird dieſes die vortreflichſten Dienſte zur Aushebung des Gehirns thun, welches mit keinem Federmeſſer — das in den Augen Mancher dieſes und ähnliche Inſtrumente immer entbehrlich machen ſoll — ſo leicht und gut vollführt werden kann. Ein gröſeres Löffelchen mit einer etwas breitern Schaufel wird bei gröſern Hirnſchalen gleich gute Dienſte leiſten.

g) **Eine gute engliſche Feile von mittlerer Gröſe.**

Sie wird zum Spitzfeilen des Körperdrahts, wo er mit dem gefeilten Ende in den mit Werg feſt ausgedrückten Hirnſchädel geſteckt wird, ſo wie der Fusdrähte, und will man den Vogel fliegend vorſtellen, auch der Flügeldrähte gebraucht, die wie beim Ausſtopfen deutlich gezeigt werden ſoll, mit den gefeilten Spitzen durch Füſſe und Flügel in den Wergkörper geſtoſſen werden müſſen. Wenn an einem Vogel, ſeiner Natur nach, mit den Füſſen blos auf das Postement, ohne Ast, befestigt, die unten an dem Brette mittelst eiserner Stiftgen verkeilte Fusdrähte, vorstehen, so leistet die Feile abermals einen nöthigen Dienst, indem man damit das unten am Postemente oder Brette vorragende Eisen weg, und so jenes zum Hinstellen glatt feilt.

h) Eine gute gewöhnliche Drahtzange, mit etwas breiten inwendig geraueten Bakken.

Ihr Nuzzen besteht hauptsächlich darinn, die erforderlichen Drahtlangen des Körpers und der Füsse vom vorräthigen Stükke abzubrechen, die Drähte beim Spizfeilen derselben, fester zu pakken und mehrere Gewalt, wie dies manchmal der Fall ist, beim Durchstossen der Fusdrähte anwenden zu können. Wer grösere Thiere ausstopfen will, dem rathe ich zum nehmlichen Behufe auch

i) einen sogenannten Feilkloben.

Er wird mittelst der daran befindlichen Schraube, einen dikken Draht nicht nur weit fester beim Feilen halten, sondern auch den Widerstand, welchen die engestossen werdende Fusdrähte in den Sehnen und Muskeln, ja manchmal in einer festen Stelle des Wergkörpers selbst noch verursachen, weit eher überwältigen können, als er mit der ge-

öhnlichen Drahtzange, oder gar mit den blosen
ingern zu leisten im Stande ist.

k) Eine gute, nicht zu schwache englische
Kneipzange.

Man bedient sich ihrer den Draht der gewöhn=
ch hinten am After des Vogels, zur Tragung des
chwanzes, noch heraussteht, nach völliger Trok=
ung und Dörrung des ausgefüllten Balgs, abzu=
ikken. Da dieser Draht, als der Körperdraht,
glüht ist, so kann das hinten herausragende En=
desselben, weder mit den Fingern, noch der
wöhnlichen Drahtzange, ohne den Vogel hin
d wieder zu beschädigen, gut abgeleiert werden.

l) Eine kleine Scheere.

Auch sie wird oft da gute Dienste leisten, wo
an die Messer nicht so sicher und leicht gebrauchen
nn. Ich erwähne nur der innern Haut des
genliedes bei etwas grosen Thieren, die zu
hts dient, und doch oft an der Einsetzung des
nstlichen Auges sehr hindert. Mit der Scheere
d diese von innen, oder der Fleischseite, leicht

m) Eisendraht, (wozu dergleichen von Meßing, da dieser viel theurer ist, und doch keinen grösern Vortheil verschaft?) von verschiedener Dikke, so wie auch grose und kleine Haarnadeln.

Wohnt der Liebhaber in einer Stadt, so braucht er nicht viel vorräthig, indem er bei dem Eisenhändler zu jeder Zeit, Draht von der erforlichen Dikke kaufen kann. Der Liebhaber auf dem Lande aber muß sich schon mit einem grösern Vorrath vorsehn. Von diesem Draht werden, nach Verhältnis der Gröse eines auszustopfenden Thieres, drei Stücke, wenn man z. E. einen Vogel mit angeschloßnen Flügeln ausstopfen will, jedesmal abgebrochen, wovon der eine in den Körper und Hals, wegen den Beugungen, die diese erfordern, im Feuer gut durchgeglühet werden muß, welches hingegen die beiden andere Drähte, weil sie durch die Füsse gestossen werden, um diesen einen festen Halt zu verschaffen, nicht seyn dürfen. Blos die Enden, welche an der Fussohle heraustehen, kann man wegen dem Winden um die Aeste, zur Befestigung des Vogels, ein wenig glühen, damit sie beim Umwinden nicht abbrechen.

Gedenkt man den Vogel fliegend vorzustellen, o bricht man zwei Drahtstücke mehr ab, die aber, vegen Tragung der Flügel, um vieles dikker, und benfalls geglühet werden müssen. Stopft man ein Säugethier aus, so braucht man natürlich vier zusdrähte. Ueber die erforderliche Dikke der Drähte lassen sich nicht wohl Regeln geben, weil nich dies auch sonst zu weit führen dürfte. Ein Ausstopfer wird, nach Verfertigung einiger Stükke, schon so ziemlich im Drahtwählen Bescheid wissen.

Die Haarnadeln braucht man sowohl in den Körper als in die Füsse kleiner Vögel. Ich habe z. E. grose Haarnadeln sogar bei der Heerschnepfe vulgo Beccaßine (scolopax gallinago L.) mit Vortheil angewendet.

n) **Stecknadeln verschiedner Gröse.**

Die grösern dienen zum Anstekken der Flügel an den Körper, wenn der Vogel nicht zu gros ist, die kleinern aber bei kleinen Vögeln, sowohl zum nehmlichen Behufe, als auch zum Zustekken derselben. Wie dies statt des Zunähens der Bälge, eigentlich bewerkstelliget wird, wird in der zweiten

Hauptabtheilung und zwar im 4ten §. der III. Unterabtheilung, gehörig erklärt werden. Man gebraucht die Stecknadeln ferner, sowohl zur Befestigung der papiernen Schwanzbinde an manchen Vögeln, als auch die Schwimmhäute zwischen den Zehen der Wasservögel, auf die Postemente anzuheften, damit sie im Trocknen nicht zusammen schrumpfen können.

> a) Eine dünne lange Packnadel, mit einem starken Ohre — und etwas vorräthigen schwachen Bindfaden.

Wenn der ausgestopft werdende Vogel von vorzüglicher Gröse, z. E. ein groser Falke, Reiher, Kranich u. s. w. ist, so taugt auch die stärkste Stecknadel nicht, den Flügel in seiner richtigen Lage, gehörig zu tragen, man müßte sich dann einen starken Draht besonders dazu feilen. In jenem Fall wird also die Packnadel mit entschiedenem Nuzzen gebraucht.

Man versieht dieselbe mit einem Stükke des Bindfadens, und sticht damit, nachdem vorher die Flügel in ihre natürliche Lage gebracht, und gut angepaßt sind, durch das vornen gegen die Brust

egende dritte Flügelgelenke, oder besser, durch
die neben demselben befindliche Flügelhaut, in horizontaler Richtung den Körper durch gerade nach dem nemlichen Gelenkflekke des gegenüber stehenden Flügels, und verwahrt die beiden Enden des Bindfadens zur Verhütung des Durchschlüpfens, mit Knötchen. Auf diese Art sind also die Flügel angenäht.

Daß diese Packnadel von einer vorzüglichen Länge seyn muß, wird man bei dem Flügelanheften eines grosen breiten Trappenmännchens finden, und es wird, weil man sie schwerlich von dieser Länge zu kaufen bekommt, eine eigene Bestellung forderlich seyn.

p) Eine Parthie Werg.

Wenigstens von groben Stengelsplittern muß gereiniget seyn. Es dient nicht nur zur Ausfüllung des gereinigten Hirnschädels, worinn der Körperdraht festgesteckt wird, und zur natürlichen Umwindung der entfleischten Schenkel- und Flügelknochen, sondern auch zur Bildung des ganzen künstlichen Körpers. Werg ist und bleibt, nach meiner Meinung, das beste Mittel zum Ausfüllen eines jeden Thierbalgs, indem ihm zu diesem Behufe in seiner Elasticität nichts an die Seite gesetzt werden kann. Auch ist es ja nicht sehr theuer, und in grose vierfüssige Thiere, z. E. Hirsche, starke wilde Schweine, oder kleine Pferde — wenn man seine Liebhaberei anders so weit treiben will und kann — kann man auch eine starke innre Lage von jedoch weichem Heu machen. Allein Werg muß immer die Hülle seyn, und ich wenigstens ziehe dasselbe allen noch kostspieligern Gyps und Holzformen, weit vor. Heu, Moos, oder wohl gar Stroh beim Ausstopfen eines Vogels anzuwenden — und sollte es auch ein dickhäutiger Rabe seyn — will mir nicht gefallen, so wie es auch bei meiner vorgetragen werden sollenden Ausstopfungsmethode, ohnehin, wenigstens bei kleinen Vögeln, nicht wohl anwendbar ist. Etwa die Kropfgans (pelecanus onocrotalus L.) den stummen Schwan, (anas olor L.) oder ein dreißigpfündiges Trappenmännchen (otis tarda L.) ausgenommen; die indessen zu erbeuten, manchem Sammler schon schwer halten dürfte.

q) Vorräthige, gutgezupfte feine weise Baumwolle.

Man füllt damit die Augenhölen aus, worauf das künstliche Auge ruht, bedient sich ihrer mit dem grösten Vortheil zur völligen und natürlichen Ausründung des Halses und der Wangen, durch den Mund, und zur Umwindung der Schenkelknochen bei kleinen Vögeln, da wo grobes Werg nicht gut zu gebrauchen ist. Vielen, und hauptsächlich den Sumpfvögeln, wo man sich bei dem Wachtelkönig ral. crex L.) besonders vorzusehen hat, trieft nach dem Tode eine schleimigte Feuchtigkeit, meistens mit Blut vermischt, aus Mund und Nasenlöchern, welche dann die Federn, beim Abziehen des Balgs über Hals und Kopf, oft häßlich zurichtet. Diesem Nachtheil wird durch Baumwolle ebenfalls dadurch vorgebogen, wenn man dem Vogel, ehe man ihn abbälgt, etwas Baumwolle in Hals und Nasenlöcher, mittelst eines der unter Lit. e oben angeführten Pfriemen, schiebt, welche dann den Ausfluß jener Feuchtigkeit hemmt.

r) Eine Schachtel voll Gyps und Kalk.

Drei Theile Gyps und ein Theil Kalk werden fein zerrieben miteinander vermischt. Geschoßne

Thiere, die mit Blut und Koth beschmutzt sind, werden, nachdem vorher mittelst eines nassen Schwammes, alles wieder gereiniget worden ist, mit dieser Mischung dick bestreut, wodurch, wenn es getrocknet ist, Federn ode Haare ihre reine Farbe wieder erhalten. Buchenasche thut zwar gleiche Dienste, allein bei weis befiederten Vögeln ist sie nicht wohl zu gebrauchen. Gyps und Kalk aber können auch bei dunkel befiederten Vögeln, Raben sogar, mit allem Vortheil angewendet werden; wie ich dieses aus eigner Erfahrung weis.

s) Einen Vorrath von weisem und grauem Zwirne, einige gute Nähnadeln und ein Stückgen Wachs.

Vermittelst einer verhältnismäsigen Nähnadel, zu der Dünne des Federbalgs wird der weise Zwirn als der feinere, zum Zunähen des gemachten Schnitts auf der Brust und dem Bauche, zum Zuschnüren des Schnabels, zur Haltung der Flügel, damit diese nach vorheriger Anheftung, nicht hinten am Körper abgleiten, und zum Zunähen eines etwa in den Balg gerathenen Risses gebraucht.

Des

Des starken grauen Zwirns aber bedient man sich zur nehmlichen Absicht bei grösern Thieren, hauptsächlich zum Festschnüren des Wergkörpers. Diese Behandlungsart kommt weiter unten beim Ausstopfen vor.

Der Nuzzen des Wachses aber bestehet darinn, vom Schrote zersplitterte Schnäbel oder Zehen möglichst gut zu repariren, und die Körperdrähte, vor ihrer Umwikllung mit Werg, tüchtig damit zu reiben. Letzteres schmiegt sich in seiner ersten Lage dadurch ungemein gut dem Drahte an, macht ihn fest sizzen, und verhindert also das oft so nachtheilige Auf- und Abgleiten desselben.

Uebrigens sehe ich nicht ein, warum Manche anrathen, den Zwirn zum Zunähen eines Vogelbalgs, mit Wachs vorher zu bestreichen, da er zu diesem Behufe ohnehin stark genug ist. Das Zunähen ist überhaupt mühsam, und die Pflaumfedern welche sich an das Wachs ankleben, dadurch Knöllchen bilden, und so das Ausreissen bei dem Zuschnüren des Balgs gewiß befördern würden, machten es nur noch weit mühsamer.

t) Eine Schachtel voll Kleyen.

Wenn man sehr fette Wasservögel abgezogen

hat, so bleibt, aller angewandten Mühe ungeachtet, dennoch vieles Fett an dem Balge hängen. Auf diese fetten Pläze streut man also Kleyen, welche das flüssige Fett sogleich in sich saugt. Löschpapier thut zwar auch diese Dienste, nicht so aber, wenn man den Balg von den hin und wieder hängenden Fettklumpen reinigen will. Indem man nemlich mit einem nicht zu scharfen Messer, das Fett nach und nach vorsichtig vom Balge abschabt, streut man beständig frische Kleyen darauf, wenn die andre schon zu voll gesogen ist, und wiederholt dieses so lange, bis die Fetttheilchen weg sind.

u) Verschiedene Oelfarben.

Nach gehöriger Mischung werden diejenigen körperlichen Theile an den Thieren, welche nach dem Tode die Farbe verliehren, wieder natürlich damit angestrichen. So z. E. Wachshaut und Füsse der Falkenarten, die nackte warzige Kopfhaut und Kämme der hünerartigen Vögel, hauptsächlich die Sterne der künstlichen schwarzen Augen u. s. w.

v) Vorräthige Postemente und Aestchen verschiedener Gröse.

Man läßt sich vom Schreiner vierekkigte und länglichte Brettchen verschiedener Grösen verfertigen, die man alsdann zu mehrerer Zierde, grün anstreichen lassen kann. Dadurch erhält man die Bequemlichkeit, ein verhältnißmäsiges Brettchen zu jedem auszustopfenden Vogel, sogleich bei der Hand zu haben. Mit den vorräthigen Aestchen, die auf die Bretter eingebohrt und worauf die Vögel, wenn es ihrer Natur anders angemessen ist, mit den Füssen befestiget werden, hat es gleiche letztere Bewandniß. Getrocknete Aestchen sind auch deswegen den frischen vom Busche oder Baume in der Eile abgeschnittnen vorzuziehen, weil sie nicht mehr auf dem Postemente einschrumpfen können, folglich das Wakkeln in den gebohrten Löchern verhütet wird. Uebrigens können zierlich angestrichne Postemente dem füglich entbehrlich seyn, welcher seine Vögel in besondere Glaskästchen aufzubewahren gedenkt.

w) **Vorräthige künstliche Augen.**

Es ist dies in jeder Rücksicht eine sehr merkwürdige Rubrikke für den Ausstopfer.

So verschieden die Methoden mancher Liebhaber über diesen Punkt sind, so verschieden dürften auch wohl die Würkungen davon für den Kenner seyn. Ausgemacht wenigstens ist es, daß in der künstlich natürlichen Darstellung des Auges, gewöhnlich grose Fehler begangen werden.

Einige bedienen sich ordinärer schwarzer Glas- oder Steinkohlenknöpfe, die jeder Krämer feil hat, Andere lassen schwarze Siegellacktropfen verschiedner Gröse auf ein Papier fallen, und suchen sich dann ein Paar taugliche einander gleiche zu Augen aus, welche übrigens sehr leicht vom Papier abzuheben sind — wiederum Andere rollen passende Wachsküchelchen zwischen den Fingern, die sie alsdann mit recht schwarzem Tusche bestreichen, und um ihnen den erforderlichen Glanz zu geben, endlich mit Copal- oder einem andern Firnis überziehen — noch Andre aber ziehen sogenannte runde Glascorallen von schwarzer Farbe all diesen Methoden vor. Gestehen muß ich, daß ich dieser letzten Meinung, als der allereinfachsten, selbst zugethan bin. Bei ganz kleinen Vögeln, wo Stern und Pupille dunkel sind, bediene ich mich zwar auch der schwarzen Siegellacktropfen, indem man so kleine Glascorallen nicht immer haben kann; und da meine Vögel nicht heiß gedörrt werden, so verliehrt das Auge von Siegellack auch nichts an seinem Glanze. Knöpfe von Glas oder Steinkohlen, wenn sie anders eine schöne Wölbung haben, und nicht so platt, wie die meisten, gedrückt sind, würde ich nur bei Säugethieren mittlerer Gröse empfehlen.

Den schwarzen Glascorallen kommt indeß an dem Glanze, den die Lichtstrahlen von ihrer Wölbung reflektiren, nichts so leicht bei. Täuschend natürlich erhebt sich dadurch das Auge, zumal wenn ein Stern, wenn dies das ausgestochne Auge erheischt, mit Oelfarbe drauf gemahlt, und diese zulezt mit einem Firnis bestrichen wird. Zu bedauren ist es nur, daß man dergleichen Corallen nicht überall, und zu jeder beliebigen Gröse, erhalten kann. Die vor fünfzig oder sechzig Jahren Mode gewesenen, und auch jetzt noch hier und da auf dem Lande getragen werdende kugelrunde Corallen sind zu unserm Behufe die Besten. Am allertauglichsten sind sie noch, wenn sie nicht ganz hohl, sondern nur ein enges Löchlein haben — und dies ist der Fall bei den alten durchaus — indem man sie auf diese Art künstlich in der Mitte von einander spalten, und also aus einer Coralle zwei Augen erhalten kann. Kann man sie nirgends bekommen, so ist man allerdings genöthiget, auf einer Glashütte sich dergleichen in einem beträchtlichen Vorrath, und zwar von allen Grösen verfertigen zu lassen.

Noch fällt mir eine Art künstlicher Augen bei, vielleicht die — allerbeste. Zwar von mir selbst noch nicht versucht, glaube ich doch den Liebhabern sie zur beliebigen Probe, bei hauptsächlich grösern Thieren, hier mittheilen zu müssen: Man mahlte nemlich die natürlichen Augen auf Papier sehr getreu ab, legte diese gemahlten Augen hinter sehr weise hohle confexförmige Gläser — etwa in der Form von Taschenuhrengläsern, die aber akkurat die Wölbung des natürlichen Auges haben müßten — fütterte mit Baumwolle die Papiere fest ans Glas an, setzte sie so dem Thiere auf die ohnehin mit Baumwolle ausgestopften Augenhölen ein, und zöge den Balg auf die gewöhnliche Art darüber. Sollte dieses transparente Auge nicht eine sehr natürliche Würkung hervorbringen??

Endlich

x) **Vorräthige Conservirmittel.**

Ich glaube nicht, daß ich nöthig haben werde, hier eine Reihe von flüßigen und trocknen Conservirmitteln anzuführen, durch die der Liebhaber in den Stand gesetzt seyn würde, seine frei und unbedeckt ins Zimmer hingestellte Thiere, vor den Anfällen der Speckkäfer und Motten, jenen unversöhnlichen Feinden, hinlänglich schüzzen zu können. Da ich zu diesem Behufe gar nichts neues anzugeben weiß, so würde eine nochmalige Beschreibung jener Mittel, die der Herr Verfasser der in der Vorrede dieses Werkchens No. 1. bezeichneten Schrift sattsam aufgezählt hat, eben so überflüssig seyn, als der von Manchem so stolz genährte Gedanke: „Deine Vögel leiden bei gewissen abhibirten Mitteln vom Ungeziffer nichts." Genug, daß noch kein befriedigendes Mittel bis jezt bekannt ist, seine Thiere unbedingt bei freier Hinstellung, vor dem Insektenfraß zu sichern. Hoffentlich ist jeder Mann von Erfahrung mit mir darüber einig; denn des schrecklichen Arsenicks sich als Conservirmittel zu bedienen, dafür will ich jeden Liebhaber wohlmeinend warnen, wenn ihm seine Gesundheit lieb ist. Selbst dieses grausame Gift schüzt wohl vor Speckkäfern, keineswegs aber vor den Motten; denn der Speckkäfer wird wohl beim Zernagen der Haut sterben, aber nicht Motten, die blos in den Federn Zerstörungen anrichten. Es ist immerhin noch möglich, daß über kurz oder lang von einem sachkundigen Chemiker ein Mittel entdeckt würde, die Speckkäfer absolut von allen Sammlungen zu entfernen; Aber dann wäre, nach meiner Ueberzeugung, dies Mittel hauptsächlich in der Bereitung der Häute zu suchen. Die abgezogene Haut geräth in eine faulichte Gährung, und diese lockt den fatalen Speckkäfer; wenn also keine Gährung erfolgte, so könnte auch kein nagendes Insekt angelokt werden. Diese Gährung mithin im Balge zu verhüten, und durch **irgend ein infalibles Mittel** niederzuschlagen, wäre die Hauptsache. —

Meine trocknen Conservirmittel — denn Liquor gebrauche ich nicht — bestehen ganz kurz in folgenden, die, wenn man meine Vorschrift in der vierten Hauptabtheilung dieses Buchs, befolgen wird, allen billigen Erwartungen entsprechen werden:

Alaun	6 Theile
Starken Pfeffer	4 —
Kampfer	2 —

Mit dieser Mischung — fein alle Theile zerrieben — bestreue ich die gesäuberten Hirn- und Augenhölen, den ganzen Kopf, die Flügel und Fuß= knochen und den Steiß; und hiermit ist meine ganze Operation geendiget.

Den vorher mit Kleyen nach Lit. t gesäuber= ten fetten Balg aber bestreue ich überdieß noch durchaus mit fein durchgesiebter Rauchtabacks= oder Buchenasche, und unmittelbar darnach wird der Wergkörper bei mir eingenäht.

Terpentinöl kann ich übrigens aus Erfahrung, als ein vortrefliches Mittel empfehlen; Schade nur, daß es so leicht verfliegt. Von Speckkäfern angegan= genen Vögeln hatte ich in einem ansehnlichen Museo, einstens kaum die Unterseite der Flügel, die Steis= federn, so wie die Kniee und den Schnabel mit diesem Oele tüchtig bestrichen — welches der Farbe der Federn übrigens nicht im mindesten nachtheilig ist — als die saubern Gäste sogleich aus allen Schlupfwinkeln zum Vorschein kamen, und da sie nirgends einen Ausweg fanden, auf der Stelle er= matteten, und todt herabfielen. Alsbald hierauf diese Vögel unter Glas kamen, war nachher auch nicht das geringste Kennzeichen einer fernern Ver= wüstung mehr zu entdekken; ein Beweiß also, daß auch die Eyer in den Bälgen mit zu Grunde giengen.

In der vierten Hauptabtheilung dieses Werks, wo vom Aufbewahren der Thiere die Rede seyn wird, wird man die Gründe näher entwikkelt finden, warum ich so wenig von den meistens so trüglichen Conservirmitteln halte. Dort werden aber auch untrügliche Gegenmittel für alle Feinde angegeben; freilich von einer andern Art, als trockne oder flüssige Mixturen, Räucherungen, Belegungen mit verschiednen Kräutern, und wie das all heisen mag. In dem vierten Satz meiner Einleitung ist schon einiges desfalls bemerkt worden.

Ich wünschte nicht, daß man mich wegen dem vorbeschriebenen Geräthe allzu grosser Weitläufigkeit beschuldigen möge. Die hier und da eingestreuten Bemerkungen über den ersprießlichen Nuzzen desselben, sollten, nach meiner Ueberzeugung, dem aufmerksamen Liebhaber zum voraus Licht verschaffen, um ihn zu der nachfolgenden Hauptsache desto besser zu präpariren. Wie könnte ich also etwaigen Tadel verdienen?

Zweite Hauptabtheilung.

Vom Ausstopfen der Vögel.

1. Unterabtheilung.
Ueber die Beschaffenheit eines zum Ausstopfen bestimmten Vogels.

Dasjenige was schon mehrere Kunstverständige geäussert haben, daß nemlich der gefangene Vogel dem geschoßnen vorzuziehen sei, ist wohl keine Frage. Nur lohnt es der Mühe nicht, lange im Käfig gehabte Singvögel, seltne etwa ausgenommen — wohin ich den Canarienvogel unter andern deswegen auch zählen möchte, weil er in seiner Freiheit bei uns nicht zu erhalten ist — auszustopfen, indem die Federn meistens zerstossen sind, schlecht in der Wurzel sizzen, und manchem, auch, z. E. dem Blutfinkenmännchen (Lox. pyrrhula L.) die schöne rothe Farbe an der Brust und dem Bauche, nach und nach im Kerker erblaßt.

Den lebendigen Vogel, wenn er keine beträcht= liche Gröse hat, tödtet man am leichtesten und be= sten, wenn man ihn unter den Flügeln, da wo die Lunge liegt, mehr oder weniger stark, nach Verhältniß der Gröse des Vogels, mit den Fin= gern drückt. Er erstickt dadurch schnell in seinem Blute, und man beschmutzt die Federn nicht, zu= mal wenn der Schnabel des Vogels zugleich mit gepackt wird, damit er das etwa heraus quillende Blut nicht auf seinem Gefieder verspritze. Bei diesem Druck mus man den Vogel jedoch nicht gleich fahren lassen; denn wenn die Lunge nicht recht ge= troffen ist, so erholt er sich öfters wieder, verdirbt durch sein Zappeln die Federn und stirbt eines marternden Todes. Grosen lebenden Vögeln sticht man mit einer starken Nadel ins Genikke, wodurch sie augenbliklich verenden. Mehr als einige Tropfen Blutes quillt selten aus dieser Wunde, die mit Löschpapier sauber abgetroknet werden können.

Dem auf einem Jagdgang frisch geschossnen Vogel müssen sogleich alle Federn in die gehörige Ordnung gelegt, er überhaupt, so viel nur mög= lich, vor herausquillendem Blute verwahrt, und in ein Papier jedesmal eingewikkelt werden, damit er so erstarre.

Erhält man aber Vögel, deren Gefieder mit getrocknetem Blute oder Kothe beschmutzt ist, so wascht man die besudelten Stellen mit einem Schwämmchen in laulichtes Wasser eingetaucht, so lange, bis das reine Wasser von den Federn abtrieft. Unmittelbar darauf bestreut man diese nassen Theile mit der oben gedachten Mischung von Gyps und Kalk sehr dick, die, wenn sie völlig getrocknet, und behutsam ausgeklopft werden, alle Nässe aus den Federn gezogen, und ihnen ihre natürliche Farbe wieder gegeben hat.

Es muß demnach ein zum Ausstopfen bestimmter Vogel vollkommen befiedert, die Federn überall ordentlich angelegt, und nirgens Unrath daran seyn. Keine Körpertheile dürfen ihm eigentlich fehlen. Dies alles setzte wenigstens voraus, daß ein geübter Arbeiter einen so beschaffnen Vogel, vorzüglich gut ausstopfen kann.

Frisch geschoßne Vögel auf der Stelle abzubälgen, rathe ich um deswillen nicht, weil die Haut, so lange der Vogel noch warm ist, ungemein fest am Fleische sitzt. Bei den Taubenarten wenigstens, deren Federn überhaupt so gerne ausfallen, würde es eine langweilige und verdrüßliche Arbeit seyn. Einen Tag nach dem Tode gelegene Vögel lassen, nach meiner Erfahrung, den Balg am besten gehen.

Im Sommer können Vögel wohl zwei, auch drei Tage — im Winter aber selbst acht Tage und drüber, im Fleische liegen bleiben, ohne daß dem Balg ein merklicher Schaden zugefügt wird. Ich rathe inzwischen dieses nur dann zu thun, wenn Hauptgeschäfte keine Zeit zum Abbälgen verstatten. Man merke sich indeß auf diesen Nothfall, daß der Vogel an den Beinen und zwar im Keller aufgehangen werden muß. Man erhält, wenn der Vogel so gehangen ist, zwei Vortheile. Denn einmal senken sich die Gedärme nach der Brusthöle, können also um so weniger die Darmhaut, so wie diese hinwieder die äussere Bauchhaut zur Fäulniß reitzen; und dann trieft auch alle etwaige im Schlunde oder Kopfe befindliche schleimigte Feuchtigkeit durch den Schnabel, und die Nasenlöcher zur Erde. Vor der durch das Gähren der Gedärme verursacht werdenden Fäulnis der Darmhaut, muß man sich ja so viel möglich zu wahren suchen; denn schnellfressend wie Gift steckt sie die Bauchhaut an. Ist dieses aber einmal der Fall, dann hat es mit dem Abbälgen seine liebe Noth. Auch bei dem vorsichtigsten Schnitte schülfert sie sich sammt den Federn ab, und der Vogel ist dann meistens ruinirt. Am vorsichtigsten gienge man, den Vogel gleich auszunehmen, und zur Reinlichkeit der Federn, etwas Papier in die Brust- und Bauchhöle zu stekken, bis dann nach einigen Tagen die Abbälgung vorgenommen würde. Es ist diese Ausnehmung der Gedärme auch besonders da von ausserordentlichem Nuzzen, wenn man einen seltnen Vogel aus einer entfernten Gegend durch einen Freund erhält, wo niemand wohnt, der die Vogelabbälgung versteht. Da das Ausnehmen aber ein jeder Waidmann in der Uebung hat, so läßt man ihn auf einen solchen Fall, nach Herausnahme der Gedärme, die innern fleischigten Theile brav mit gestoßnem Salpeter, oder in Ermangelung dessen, auch mit gemeinem Kochsalze, einreiben. Hierdurch, und wenn beim Einpakken, der Luft so viel möglich, der Zugang versperrt wird, kann sich ein Vogel wohl zwanzig und mehrere Tage im Winter, unbeschadet des Balgs, in seinem Fleische erhalten.

Erforderlich ist es auch nicht, einen abgestreiften Vogelbalg sogleich auszustopfen, wenn man wichtigerer Geschäfte wegen, gerade keine Zeit dazu hat. Wird der Balg in den Keller auf einen feuchten Platz — jedoch vor Mäusen bewahrt — gelegt, so kann man das Ausstopfen nach acht Tagen und eben so gut bewerkstelligen, als wenn es unmittelnach dem Abbälgen geschehen wäre. Sollten indessen Balg und Füsse etwas zu trokken geworden seyn, so wird ersterer mit einem nassen Pinsel, letzterer aber in einem Gefässe mit Wasser wieder angefeuchtet. Ich selbst habe auf diese Art einen nicht gut gerathnen weiblichen Stockfalken, den ich im Entstehen meiner Sammlung ausstopfte, nach Verfluß eines halben Jahres gänzlich wieder aufgetrennt, alle Theile mit laulichtem Wasser erweicht, und ihm eine solche Stellung von neuem gegeben, daß kaum mehr die Spur einer Schülerarbeit daran zu entdekken war. Ein andres Beispiel ist noch merkwürdiger. Mein in der Vorrede gedachter verehrungswürdiger Lehrer, hatte einen über ein Jahr lang eingeschrumpften Vogelbalg blos durch Anfeuchten völlig wieder erweicht und dann zu einem vortreflichen Exemplar geformt.

Sind

Sind Schnabel und Zehen vom Schrote durchlöchert, oder die Nägel gar abgeschossen, so wird eine kleine Praxis diese beschädigten Theile durch Wachs wieder herstellen können. Selbst einem, nur nicht zu kleinen, Vogel, dem die Hirnschale zerschmettert ist, kann man dadurch das Ansehen eines nicht beschädigten Vogels verschaffen; wenn man zwischen die zersplitterten Schädelstükke, das erforderliche Kopfwerg behutsam einschiebt, hierauf aber jene mit Zwirn ordentlich zusammenschnürt. Durch diese Behandlungsart habe ich mehrere so verdorben gewesene Vögel hergestellt, ob ich gleich diese etwas umständliche Arbeit nur bei solchen Vögeln empfehlen will, die entweder sehr selten sind, oder sich doch nur äusserst schwer hinterschleichen lassen. Im entgegengesetzten Fall aber wirft man den Vogel mit der zersplitterten Hirnschale lieber weg.

Ehe ich diese Unterabtheilung schliese, noch ein paar Worte über die schickliche Jahreszeit, einen Vogel auszustopfen. Unstreitig sind die Monate Februar, März und April die beste Zeit, die Sammlungen zu bereichern. Im Frühjahre prangt jeder Vogel im vollkommnen Glanze seines Gefieders, es sitzt fest in seinen Wurzeln, und die meisten Arten haben nun die Farben ihrer Aeltern, welches im Herbste, in Rücksicht junger Vögel, der Fall nicht ist. Es kostet aber freilich dem Gefühlvollen einige Ueberwindung die muntern Sänger der Haine und Felder, in ihrer Brutbereitung durch den Tod zu störhen.

Vögel, die nur im Sommer oder Winter unsre Gegend besuchen, machen freilich Ausnahmen von dieser Regel. Man muß sie in ihrer Strichzeit, und seien es auch die heisesten Sommertage, zu erbeuten suchen, und ausgestopft seiner Sammlung einverleiben. Die Meinung derer, welche das Ausstopfen auch im Herbste mit allem Vortheil empfehlen, will ich zwar geradezu nicht bestreiten, indem ein aufmerksamer Beobachter den ganz jungen Vogel an allerlei Kennzeichen bald entdekken wird. Inzwischen ist so viel richtig, daß man manche Vögel zu dieser Jahreszeit erhält, deren Kinderkleidung schon schwerer zu fixiren ist — ein Umstand, der gewiß nicht wenig dazu beigetragen haben mag, aus einer und derselben Art, mehrere Arten zu machen, und so höchstschädliche Irrthümer in Systemen zu verbreiten, die nur nach und nach durch die sorgfältigsten Beobachtungen und Erfahrungen wieder vertilgt werden können.

II. Unterabtheilung.

Das Abbälgen des Vogels.

Hat man den Vogel nach Maasgabe der vorigen Unterabtheilung, zum Ausstopfen tauglich befunden, so legt man ihn auf den Rükken dergestalt quer vor sich hin, daß der Schwanz nach der rechten, der Kopf aber nach der linken Seite seine Lage hat. Nachdem man ihm nun, zur Verhütung aller Unreinigkeiten, etwas Baumwolle in den Hals und die Nasenlöcher, wie ich bei Beschreibung der Werkzeuge schon davon gehandelt habe, geschoben hat, so theilt man die Federn oben vom Brustknochen an, wo die Brusthöle ist, in gerader Linie bis zum After sorgfältig auseinander, und drückt sie, so getheilt, auf beiden Seiten zurück, wodurch dann die nackte Haut zum Vorschein kommen wird. Nun schneidet man mit dem Federmesser von der Brust an, immer der Länge des Brustknochens nach; diese Haut bis zum After auf. Sehr subtil muß jedoch dieser Schnitt über den Bauch hinweg geschehen, denn wenn man das Messer zu tief einsetzt, so wird das zarte Darmfell mit durchgeschnitten, wo dann die hervorquillende Gedärme die Federn verunreinigen, und das Abbälgen erschweren. In diesem unangenehmen Falle zieht man am besten die Därme alle aus dem Körper, wirft sie weg, und bestopft die Bauchhöle mit etwas Löschpapier; sind die Gedärme aber sogar mit durchgeschnitten worden, so wird das Herausziehen derselben um so nothwendiger seyn.

Hat man den Schnitt nun sauber vollbracht, so sondert man mit dem breitkantigen Federmesserstiele, auf einer Seite zuerst die Haut der ganzen Länge des Schnitts nach, vom Fleische behutsam ab, und zwar so weit man, ohne durch zu starkes Spannen sie dem Zerreissen auszusetzen kommen kann. Man wird bei dieser Arbeit des Schenkels ansichtig werden, den man etwas herauszuheben sucht, ihn in dem sich darbietenden zweiten Gelenke — wodurch der Lendenknochen als unnütz, am Körper hängen bleibt — durchschneidet, sofort den Schenkel, unter behutsamem Abtrennen der Haut, bis an's Knie herausarbeitet, die Sehnen dicht um dasselbe herum abschneidet, und diese sammt dem daran hängen bleiben werdenden Fleische vom Knochen loszieht. Dieser Schenkelknochen wird nun vollends von allen Fleischtheilen sauber geschabt, mit dem oben beschriebenen Conservirpulver tüchtig gerieben, hierauf nach der Gröse und Dikke des Schenkels mit so viel Werg oder Baumwolle, als Fleisch daran saß, fest umwunden, er auf der Stelle wieder zurück gezogen, und so die Federn in ihre gehörige Lage gebracht. (Zieht man die künstlich umwundne Schenkel und Flügelknochen nicht gleich wieder, nach geschehener Umwindung, in ihre natürliche Lage zurück, und glaubt, wie Manche, daß es damit so lange Zeit hätte, bis der Vogel gänzlich aus der Haut gearbeitet wäre, so wird mittlerweile der Balg zu trokken, und die Federn sträuben sich alsdann.)

Auf der andern Seite des Vogels verfährt man nun auf diese nemliche Art. Etwas Löschpapier zwischen Fell und Fleisch zu stekken, so, daß die Federn auf demselben, und nicht auf dem Fleische liegen, wird zur Verhütung des Schmuz-

zes hauptsächlich bei fetten Vögeln nothwendig. *)
Ist dies nun alles gut bewerkstelliget worden, so
faßt man mit der einen Hand den Schwanz des
Vogels und beugt ihn etwas nach dem Rükken zu,
trennt in dieser Lage das bischen Haut und
den Mastdarm vom Schwanze ab, und nun
wird der Schwanzknochen zum Vorschein kommen. Dieser muß durchgeschnitten werden, aber
ihn gut, und so zu durchschneiden, daß man die
Schwanzwurzel nicht verletze, wodurch sonst die

---

*) So viele Behutsamkeit man auch bei diesem Ge-
schäfte anwenden mag, so tritt doch bei Wasservögeln nur zu häufig der Fall ein, daß
beim Zunähen des Vogels, die Hautränder
eine häslich durchs Fett beschmutzte Stelle zurück lassen. Diese nun von den Federn wieder wegzubringen, bestreicht man die Stellen am ausgestopften Vogel mit in Wasser
eingeweichter weisen Kreide oder Pfeifenerde,
die, wenn sie auf den Federn getrocknet ist,
den beschmutzten Stellen ihre natürliche Farbe
durch das Einsaugen des Fettes, wieder geben wird. Man kann, wenn noch Schmutz
zurück geblieben ist, diese Operation mehrmalen wiederholen.

d. V.

Schwanzfedern ausfallen würden, erheischt vom Anfänger alle mögliche Vorsicht und eine stete Hand. Für sie wäre die beste Regel, den Knochen lieber etwas entfernt von der Schwanzwurzel zu durchschneiden, damit ja diese nicht beschädigt würde; der kleine, an dieser alsdann hängen bleibende Knochenwirbel kann, wenn man die Haut nach dem Rükken zieht, viel sicherer zuletzt abgelößt werden.

Man befestigt nun zwei Schlingen von Zwirn oder Bindfaden an die, wie vorhin bemerkt wurde, an dem Fleischkörper hängen gebliebene Lendenknochen, und hängt so den Vogel freischwebend an einem Nagel auf, daß der Körper gut zur Hand stehet. (Ist etwa einer dieser Knochen so zerschossen, daß keine Schlinge daran hänge bliebe, so hängt man den Vogel nur an einen Knochen, sind aber beide zerschossen, so befestigt man eine Schlinge um den ganzen Hintertheil des Körpers; in welchem Fall man sich indessen, wegen den durch das Ziehen herausgepreßt werdenden Gedärmen wahren muß.)

Dem so vor sich hängenden Vogel kann man nun mit leichter Mühe den Federbalg, woran der Schwanz und die Beine hängen, über den Rükken bis zu den Flügelknochen abstreifen. Um diese, gleich den Schenkeln, gut aus dem Balge zu bringen, zieht man diesen beständig mit Nachhülfe bald des Messerstiels, bald der Klinge, vorn gelinde über die Brust nach dem Halse zu herab und räumet zuerst an einem Flügel so weit auf, bis man den ersten vom Körper ausgehenden Knochen frei mit den Fingern der einen Hand umfassen kann. Ohne sonderliche Schwierigkeit wird diese Arbeit vor sich gehen. Hierauf arbeitet man, indem man mit der ganzen Hand die Flügelhaut, mit dem Zeigefinger derselben aber den gedachten Knochen in die Höhe drückt, und so Balg und Knochen, zur Erleichterung der Arbeit in einiger Spannung erhält, den Balg vollends über das zweite Flügelgelenke herunter, nach dem andern Knochen zu, woran die Schwungfedern sitzen, und neben dem noch ein dünnerer Knochen, nur durch Fleisch und Sehnen mit jenem verbunden, befindlich ist. Die Haut dieses zweiten Knochens wird, so bald man über dem Gelenke ist, in einer ordentlichen Falte, an dem entgegen gesetzten Theile der Schwungfedern, sich mit weniger Nachhülfe auseinander breiten, und das Fleisch zum Vorschein kommen lassen.

Man trennt sodann mit der Klinge, unter beständiger Nachhülfe jener sich immer weiter ausdehnen werdenden Hautfalte, die Schwungfedern nach und nach vom Knochen ab, bis man zum dritten Gelenke kommt. Auf diese Art ist die Hautabsonderung dieses Flügels vollkommen geendigt. Man trennt nun durch einen Schnitt das zweite Gelenke — wodurch dann, gerade wie bei den Schenkeln verfahren wurde, der erste Flügelknochen, als unnütz am Körper hängen bleibt — löset die Sehnen um das dritte Gelenke herum ab, säubert die Schwungfederknochen von allem Fleische, bestreut sie mit den erwähnten Conservirmasse, windet nicht so dikkes Werg als Fleisch daran gesessen, sondern nur ein weniges zum Zusammenhalten der Knochen darum, strüpft die Flügelhaut alsbald in ihre ordentliche Lage über die Knochen zurück, und legt die wieder herausgekommenen Federn in völlige Ordnung. Die Schwungfedern werden, ob sie gleich vom Knochen abgetrennt worden sind, dennoch wieder in eine haltbare Lage gerathen.

Hat man nun mit dem **andern Flügel** diese nemliche Operation vollbracht, so wird der Balg jetzt leicht über den Hals und Kopf, bis unter die

Augen an den Schnabelwinkel losgezogen werden können. Nur muß man sich bei dem Abziehen des Balgs über den Kopf in Acht nehmen, die innre Ohrhaut, wo möglich nicht entzwei zu schneiden, sondern solche unter der knöchernen Ohrhöle des Schädels hervor zu arbeiten suchen. Bei kleinen Vögeln geht dies leicht, bei grösern schon schwerer von statten; und die zerschnittene Ohrhaut läßt sich nachher nicht gut mit Federn bedekken. Auch die Hornhaut des Auges mit dem Messer zu verlezzen, muß man sich hüten, weil sonst das auslaufende Auge die Federn besudeln würde. Blos die innre Haut des Augenliedes wird ganz flach durchgeschnitten, wo das Auge dann unverletzt und unbedeckt hervortritt. Im Genikke dicht am Kopfe wird der Hals sammt daran hängenden Körper, nun losgeschnitten und mit einiger Nachhülfe der Messerklinge werden auch die Zungenbänder sammt der Zunge, und der Anfangs in den Hals geschoben wordenen Baumwolle mit den aufgefangnen und eingesognen Feuchtigkeiten, am Rumpfe hängen bleiben.

Ist nun auf vorbeschriebene Weise der ganze Körper aus dem Balge gearbeitet worden, so muß man gleich, mittelst eines der Pfriemen, die Augen rings in den Höhlen umfahren, und ohne daß sie zerreissen und besudeln herausziehen, die nassen Augenhöhlen aber mit Conservirpulver bestreuen. Am Hinterkopfe, wo man den Hals abgeschnitten hat, und wo sich das Rükkenmark in's Gehirne zieht, erweitert man mit dem Messer das Loch in den Schädel, und macht ihn mit dem unter den Werkzeugen Lit. f beschriebenen Löffelchen vom Gehirne rein. (Eine Scheibe vom Hinterkopfe zu diesem Behufe abzuschneiden, wie manche Künstler anrathen, scheint mir um deswillen nicht gut, weil dadurch der Hinterkopf, ohne Noth, verkürzt werden würde.)

In diese gereinigte Hirnhöhle, so wie auf den ganzen von Fleischtheilen gesäuberten Kopf, wird abermals Conservirpulver gestreut, erstere selbst aber mit Werg (denn Baumwolle taugt auch bei den kleinsten Vögeln nicht, indem niemals ein Draht fest darinn haften kann) nach Möglichkeit fest mit einem der Pfriemen sogleich ausgestopft, jedoch so, daß nicht vieles Werg hinten herausstehen darf; die Augenhöhlen mit Baumwolle verhältnismäsig ausgefüttert, und die künstliche Augen auf die gehörige Stellen gelegt, wo sie beim Ueberstülpen des Balgs sichtbar hervortretten werden. — Inzwischen sezzen Manche die Augen erst nach gänzlich vollbrachtem Ausstopfen, mit Vortheil und natürlicher Schönheit dem Vogel ein. —

Den während all diesen Arbeiten schon etwas trokken gewordenen Balg muß man nun ohne Zeitverlust in die natürliche Form wieder überstrüpfen, indem man den Balg mit der einen Hand faßt, mit der andern aber den Schnabel sammt Kopf durch die Halshaut zurück drückt. Bei dieser etwas küzzlichen Arbeit muß man sich, wegen des Zerreissens des Balgs, und des nicht minder oft ein Loch in denselben stossenden spizzen Schnabels mancher Vögel wohl vorsehen; und auch nur nach und nach bringt man den Kopf unter allerlei Nachhülfe und Handgriffen wieder auf die Federseite heraus.

Um so leichter wird es aber gehen, wenn man den schon etwas trokknen Balg an den überzustrüpfenden Stellen, mit einem nassen Pinsel wieder anfeuchtet. Daß sogleich die übergestülpte Haut in die natürliche Lage, die Federn sämtlich gut geordnet und glatt angelegt, so wie die Augen gehörig gehoben und gesetzt werden müssen, wird wohl kaum einer Erinnerung bedürfen.

Zuletzt wird die Schwanzwurzel von allen Fleischtheilen gereinigt, etwas Conservirpulver drum herum geschüttet, und der ganze Balg auf seiner innern Seite, wenn Fetttheilchen daran hingen, die ohne Verletzung der Haut durch das Schaben nicht wohl hinweg zu bringen waren, mit durchgesiebter Rauchtabaks = oder Buchenasche bestreuet.

Und hiermit wäre also die Abbälgung gänzlich vollendet, und der Balg zum alsbaldigen Ausstopfen geschickt gemacht worden.

Um indeß nichts zu übergehen, was dem Anfänger nur einigermasen nüzzen kann, muß ich hier noch manche das Abbälgen betreffende Bemerkungen nachführen.

§. 1. Fügt es sich bei manchen Vögeln, daß wenn man auch die Halshaut recht gut bis zum Kopfe gebracht hat, solche wegen ihrer Enge und des zu dikken Kopfs, aller Nachhülfe mit dem Messerstiele ungeachtet, schlechterdings nicht weiter über denselben zu bringen ist, und wenn man zu viele Gewalt anwenden will, die Haut gewöhnlich in

Stükke geht. Bei den Entenarten, den Eulen, Spechten und mehrern Vögeln, ist dies beinahe durchgehends der Fall. Ich übergehe das in dergleichen Fällen von Manchen übliche Halshautaufschneiden, und das nachherige misliche Zunähen derselben, sondern zeige nur meine, wie ich glaube, einfachere und bessere Methode. Diese besteht kurz darinn, dem Vogel, und zwar ehe man ihn abzubälgen anfängt, die Augen auswendig von der Federseite mit einem Pfriemen herauszuziehen, in die Höhlen etwas Conservirpulver zu streuen, sie mit Baumwolle von aussen nach und nach auszufüttern, und dann von dieser nemlichen Seite auch das künstliche Auge einzusezzen. Auf diese Weise, und wenn der Balg auf die gewöhnliche Art bis zum Hinterkopfe losgetrennt ist, kann man, freilich mit etwas gröserer Mühe, das Hirn dennoch aus dem Schädel bringen, und ihn mit Werg gehörig ausfüllen. Das alsdann am Kopfe zwischen Schädel und Haut sizzende wenige Fleisch vertrocknet, weil man zum Abschaben nicht kommen kann, wohl nach und nach ohne Schaden.

§. 2. Hat man während des Abbälgens ein Loch in den Balg gerissen, oder geschnitten, so muß man dasselbe von der Fleischseite mit feinem Zwirne sogleich wieder zunähen, sonst wird es, bei dem gelindesten weitern Ziehen des Balgs immer gröser, wo hingegen aber ein Schußloch nie ausreißt.

§. 3. Bei dem Abbälgen fetter Vögel muß man hauptsächlich dahin arbeiten, daß das Fett so viel möglich, am Körper und nicht an dem Balge hängen bleibt. Hat man dies nicht ganz vermeiden können, so wird der Balg wiederholt mit Kleyen bestreut und mit einem stumpfen Messer so lange vorsichtig geschabt, bis wenigstens die gröbern Fetttheile ihn verlassen haben. Man sehe auch in dieser Rücksicht unter den Werkzeugen Lit. t. nach.

§. 4. Sollte bei solchen Vögeln, wo man die Schenkel sehen muß, der Knochen derselben zerschmettert seyn, so befestigt man ein Stückchen verhältnißmäßigen und mit Wachs bestrichenen Draht in die Splitterwurzel oder das Knie selbst, und umwindet ihn, statt des natürlichen Knochens, mit der gehörigen Proportion Werg.

§. 5. Bei kleinen Vögeln von der Gröse der Meisenarten abwärts, hat man nicht nöthig, die Haut über den zweiten Flügelknochen, woran die Schwungfedern gewurzelt sind, abzutrennen, indem das wenige daran hängende Fleisch ohne Nachtheil vertrocknet. Man schneidet also bei dergleichen Vögeln, sobald man im Abbälgen derselben auf das zweite Gelenke kommt, dieses durch.

§. 5. Bei großen Vögeln, als Kranichen, Störchen, Trappen und den Reiherarten, muß man die Fußknochen nicht im zweiten Gelenke, wie bei den übrigen Vögeln gewöhnlich geschiehet, sondern aus dem ersten Gelenke oder der Pfanne ablösen. Diese ersten Gelenk- oder Lendenknochen gewähren alsdann den Fußdrähten eine mächtige Beistüzze beim Aufstellen des Vogels, so, daß er durch die Schwere des Wergkörpers nicht niederkauchen kann.

Dahingegen

§. 7. sehe ich gar nicht ein, warum Manche den Anfänger anweisen, die Flügelknochen aller Vögel aus der Pfanne, oder, welches einerlei ist, dem ersten Gelenke vom Körper aus, abzulösen, da dieses doch zur Haltung des angeschloßnen Flügels nichts beiträgt. Im Gegentheil muß beim Ausstopfen ein bukkelähnlicher Misstand oberhalb des Flügels zum Vorschein kommen, der schwerlich durch das Eindrükken dieses ersten Knochens in den elastischen Wergkörper, gänzlich gehoben werden kann. — Bei meiner Ausstopfungsmethode wäre dies wenigstens sicher der Fall. —

Weit besser durchschneidet man also, wie beim Abbälgen oben gelehrt wurde, das zweite Flügelgelenke, und der Flügel wird sich dann, wenn die Schwungfederknochen anders nicht zu dick mit Werg bewikkelt wurden, recht gut und glatt an den Wergkörper schmiegen.

Nur bei Vögeln, die man fliegend vorzustellen gedenkt, löst man zur bessern Haltung und Proportion des Flügels, die Flügelknochen aus der Pfanne.

§. 8. Bei denen Sumpfvögeln die vorzüglich lange Hälse haben, ist es allerdings von Nutzen, ihnen, ehe man ihnen den Balg herunter macht, einen starken Faden Zwirn durch die Nasenlöcher zu ziehen. Wenn der Balg wieder zurück, auf die Federseite gestülpt werden soll, kann man durch das Ziehen an diesem Bindfaden Kopf und Hals leichter wieder zurück bringen. Inzwischen muß man doch alle mögliche Vorsicht bei diesem Ziehen gebrauchen, damit der scharfe und spitze Schnabel dieser Vögel, keine Löcher in die Halshaut steche.

III. Unterabtheilung.
Das Ausstopfen des Vogels.

Von dem vorräthigen Draht wird ein Stück von verhältnismäßiger Dikke mit der Drahtzange abgebrochen; das die Länge von der Stirne des Vogels an, bis beinahe an die Schwanzspizze haben muß*)

Dieser abgebrochene einfache Draht wird tüchtig durchgeglüht, dann gerad geklopft oder gestreckt, und an dem einen Ende sehr spiz gefeilt. Nachdem er nun mit Wachs, so weit man das Werg nach der Länge des Federbalgs, umwikkeln muß, gut bestrichen wurde, so fängt man mit dem Wikkeln selbst jedoch so an, daß die gefeilte Spizze und

---

*) Da ich, wie schon einmal oben bemerkt ist, starke grose Frauenzimmerhaarnadeln sowohl zum Körper, als den Fusdrähten bei einer Heerschnepfe mit allem Vortheil angewendet habe, so könnte man von dieser Norm ungefehr weiter schliesen. Allein genaue Regeln im Drahtwählen lassen sich nicht wohl angeben, weil dieses mein Werkchen ohne grose Noth, zu weitläufig machen würde.

b. B.

noch etwas mehr, weil die in den Schädel gesteckt wird, vom Werge unbedeckt bleiben. Man merke sich ja, das Werg nur in ganz dünnen Lagen um den Draht zu winden, denn um so fester wird dieser darinn haften; eben so, als daß man das Werg nicht weiter am Draht winde, als die natürliche Länge des Körpers und Halses es erheischen. Hat man nun einige Lagen darauf gewunden, welche der natürlichen Dikke des Halses durchaus gleich sind, so mißt man damit an dem abgestreiften Fleischkörper die Länge des Halses bis zur Brust und wikkelt, zum Kennzeichen, daß hier die Brust anfange, das Werg etwas dikker darum. Doch hüte man sich diese Windung nicht zu dick zu machen, weil sonst durch die gleichdikke Rundung des aufgetragenen Wergs ein schwer zu vertilgender Bukkel beim ausgestopften Vogel zum Vorschein kommen würde. Man faltet nun eine Parthie Werg dergestalt zwischen den Fingern zusammen, die, wenn man sie der Längenseite des Drahtes unter dem schon gewundnen Hälsende anpaßt, die natürliche Wölbung der Brust und des Bauches, in seiner gegen den Schwanz hin nach und nach sich ziehenden Dünne hervorbringen muß. Daß man also bei Anlegung dieses Brust- und Bauchwergs nichts davon nach der Rükkenseite schlage, wodurch sonst der Vogel bucklicht würde, versteht sich von selbst. Mit Zwirne wird hierauf der durch jene Werglage aufgefüllte Körper am Drahte, in das Kreutz und die Queere, so wie nach allen Richtungen hin, doch nicht zu fest gewikkelt. Findet man, daß Brust und Bauch nach einigen Windungen mit dem Zwirne, noch nicht natürlich genug hervorgetretten sind, so füllt man solche mit noch mehrerm Werge, und zwar so lange auf, bis der ganze Körper vollkommen die Proportion und Form des abgestreiften Fleischkörpers hat. Durch das Schnüren und Winden mit dem Zwirne wird man, da das Werg bekanntlich einigermassen elastisch ist, die natürliche Form am besten zuwege bringen können. Ist dies nun alles gut bewerkstelliget worden, so stülpt man den Federbalg auf die Fleischseite und zwar bis zum Hinterkopfe über, faßt den Kopf sammt dem übergeschlagnen Balge mit der einen Hand, und bohrt mit der andern die vorragende Spizze des Wergkörperdrahtes in den mit Werg — wie beim Abbälgen schon gezeigt wurde — ausgestopften Hirnschädel, dergestalt fest bis zum Halswerge ein, daß er nicht im mindeſten wakkelt, und nun zieht man den Balg wieder über den künſtlichen Körper vorſichtig zurück.

Hat man den Körper genau nach dem natürlichen gefertiget, und zieht dann den Balg gelind an die rechten Stellen, daß er weder zu ſehr angeſpannt noch auch zu lokker anliegt, ſo werden die Ränder des Schnitts an Bruſt und Bauche ſich ſchön an einander ſchlieſen.

Um dem Vogel nun bei dem Zunähen das Rutſchen des Balgs zu verhüten, befeſtigt man mit einem dicht an der Schwanzwurzel durch den Balg gezogenen Zwirnfaden, den Körperdraht feſt an den Schwanz, und ſchreitet ſodann ungeſäumt zum Zunähen des Vogels. Man ſticht nemlich mit einer eingefädelten Nähnadel oben auf der Bruſt, wo der Schnitt anfängt, durch die eine Seite des Hautrandes, und zieht den Faden bis an's Ende, der, um das Durchſchlüpfen zu verhüten, hier mit einem Knoten verwahrt ſeyn muß; hierauf ſticht man auf der entgegengeſetzten Seite ein, ſticht dann abermals nach der erſten, und dann wieder nach der andern Seite, und kurz fährt mit dieſen Zickzackſtichen — die indeſſen, wegen etwa am

Balge entstehen könnender Runzeln, nicht zu weit von einander entfernt seyn dürfen — bis zum Ende des Schnitts, oder dem After fort. Ist der letzte Stich gethan, so zieht man den Faden von Loch zu Loche — etwa wie das Frauenzimmer seine Schnürbrust schnürt — dergestalt an, daß die beiden Ränder des Schnitts dicht an einander liegen; sich aber nicht überschlagen dürfen; und dann verwahrt man den Faden beim letzten Stich abermals mit einem Knoten.

Nun müssen dem zugenähten Vogel vor allen Dingen die Federn auf der Brust und dem Bauche, um die Spuren des Schnitts und der gemachten Naht zu vertilgen, überall mittelst einer grosen Nadel aufgelockt, und in die gehörige Lage gebracht werden, damit sie sich lüften; denn nur dem todten Vogel liegen die Federn fest am Körper an. Ist dieses geschehen, so wird Baumwolle in ganz kleinen Portionen, durch den geöffneten Schnabel, zur völligen Ausründung des Halses und der Wangen, sanft mit einem Pfriemen eingeschoben. Man muß aber nicht zu viel einschieben, sonst wird der Hals kropfartig, und ungestaltet. Hierauf schreitet man zu den zwei Fusdrähten, die gewöhnlich von der nemlichen Dikke des Körperdrahts und in der Länge von der Schulter an, bis noch einen Theil vor die Fussohle hinaus, vom Stükke abgebrochen werden. Diese klopft man sehr gerade, und feilt sie auf einem Ende ganz verlohren spitz; denn sind sie am äussersten Ende blos spitz, so stossen sie sich nicht gut durch den Wergkörper. (Gedenkt man den Vogel, seiner Natur nach, auf einen Ast zu sezzen, so muß das vor die Fussohle heraus ragende stumpfe Ende des Drahtes ein wenig durchgeglüht werden, damit es durch seine Sprödigkeit, beim Winden um den Ast nicht abbreche; wird der Vogel aber mit den Füssen unmittelbar auf ein Brettchen gestellt, so ist das Durchglühen nicht nothwendig.)

Man faßt hierauf den einen Fuß, und sticht den Draht hinten durch die Sohle ein, schiebt ihn zwischen dem Fusknochen und seiner hornartigen Hautbedekkung fort bis zum Knie, durchstößt auch dieses in seinen muskulösen Theilen und drükt den Draht immer weiter durch den Wergschenkel fort, bis man die Spizze endlich am Wergkörper fühlt. Bei diesem Durchstossen muß aber, wohlgemerkt, der Draht beständig innerhalb, nie aber, wegen des sonst erfolgenbenden Wakkelns des Vogels, ausserhalb der Haut, fortlaufen.

Nun schiebt man den Schenkel gut an seine natürliche Stelle und stößt den Fusdraht immer weiter fort in schiefer Richtung durch den Körper, und zwar so weit nach der entgegen gesetzten Schulter ein, daß der ganze Fuß nun sehr feststeckt, ohne daß übrigens die Drahtspitze etwa an einer Schulter durchstechen darf. Z. E. der Vogel liegt bei dieser Arbeit auf dem Rükken, so wird der linke Fusdraht nach der rechten Schulter, und so vice versa gestoßen, wodurch denn auch die Füsse eine ungemein feste Lage erhalten.

Mit dem andern Fusse verfährt man sofort auf die nemliche Weise.

Jetzt, nach Vollendung jener Arbeit, ist es Zeit dem Vogel, durch Drükken und Beugen, die erforderliche körperliche Gestalt und Richtung zu geben, welches um so leichter seyn wird, da, wie gezeigt wurde, ein geglüheter Draht durch den ganzen Vogel geht. Ist dieses einer guten und geschmakvollen Idee ganz entsprechend geschehen, so schreitet man sogleich zum Anschliessen der Flügel.

Unstreitig werden von Vielen bei dieser Arbeit die meisten Fehler begangen, indem die natürlich glatt= und am gehörigen Flekke geschehen müssende Anlegung eine der schwersten Aufgaben bei dem Ausstopfen ist. Unwidersprechlich wahr ist es wenigstens, daß der Anfänger mit der gründlichen Eriernung dieser Operation, die meiste Zeit zubringt, und hier ist auch der Fall, wo er seine Gebuld recht auf die Probe sezzen kann. Der Verfasser dieser Schrift hat, auch wenn ihm alle vorherige Art gut von statten gegangen war, bei dieser küzlichen Arbeit oft geseufzt, weil die Deckfedern der Flügel und die Schulterfedern immer klafften, wenigstens im Anschliessen seinem Wunsche nicht entsprachen. Er stand lange in der Meinung, durch fest um den Vogel angesteckte breite Bandagen von Papier dieses Klaffen zu unterdrükken, allein jedesmal sah er sich getäuscht. Denn, wenn nach völliger Trocknung des Vogels, die Bandagen weggenommen wurden, so klafften die Federn nur noch weit mehr, und übten in den eingedörrten Wurzeln ihr Recht aus, weil sie, als sie noch frisch waren, nicht an den gehörigen Ort dergestalt gezogen wurden, daß sie sich von freien Stükken, und ohne Beihülfe der so unnützen Bandagen von Papier, überall gleich und natürlich, angeschmiegt hätten. Nur durch Geduld, Uebung und alle mögliche Aufmerksamkeit, ich wiederhole es, wird diese Schwierigkeit endlich auch gehoben, und die Arbeit des Flügelanlegens geht alsdann, gleich allen übrigen Handgriffen, leicht und schnell von statten.

Die Regeln die ich über das richtige Flügelanlegen geben kann, und bei deren Beobachtung der gute Erfolg gewiß am Ende eintreffen wird, sind diese:

Man zieht die beiden Flügel des seine richtige körperliche Gestalt bereits habenden Vogels dergestalt auf den Rükken und nach dem Oberhalse zu, zusammen, daß auf der nackten Stelle zwischen dem Halse und den Flügeln bei der Schulter, ordentliche Runzeln zum Vorschein kommen. Diese Hautrunzeln arbeitet man mit einer Nadel immer höher nach dem Halse zu. Man preßt sodann den Flügel, nachdem vorher alle Federn daran geordnet sind, in seine natürliche Lage an den Körper — welche beständig diese seyn wird, wenn man das dritte Gelenke des gebogenen Fittigs auf die nackte

Stelle an den Seiten des Rumpfs anlegt — zieht die Federn vom Oberhalse, die nun, durch die wieder abwärts gehenden Runzeln, schön herunter fallen werden, vom Rükken und den Schultern nach den Deckfedern der Flügel herab, paßt, drückt und rutscht den Flügel so lange auf jener nackten Stelle, bis die Federn sowohl auf dem Flügel, als neben an der Brust überall ganz glatt, ohne sich im mindesten zu sträuben, anliegen, und so zu sagen in einander fliesen. Man befestiget ihn sofort mit einer Stecknadel, die man durch das Gewerbe des dritten Gelenkknochens, welches neben der Brust bei angeschloßnem Fittig liegt, in den Wergkörper einsteckt, und wodurch nun der Flügel nicht mehr aus seiner Lage kommen kann. Ist hierauf der andre Flügel auf diese nemliche Art, so, daß er nicht kürzer als jener, sondern beide Flügelspitzen **gleichlang** auf dem Schwanze liegen müssen, behandelt worden, so setzt man den Vogel alsbald auf sein für ihn schon zum voraus verfertigtes Postement. Ist es ein auf einem Brette befestigtes Aestchen, so wird entweder mittelst eines den Fußdrähten angemessnen Bohrers, oder des unter den Wergzeugen Lit. d beschriebenen Pfriemens, zwei Löcher in verhältnismäsiger Weite, für die Beine des Vogels, in das Aestchen gebohrt, die an den Fußsohlen heraus ragenden Drähte, durch diese Löcher gezogen, und fest um das Aestchen gewunden. Soll der Vogel aber auf dem Brette blos stehen, so werden ebenfalls in der gehörigen Weite, je nachdem man den Vogel gehend oder stehend vorstellen will, zwei Löcher eingebohrt, die Fußdrähte durchgezogen, dann von der untern Seite des Brettchens mit eisernen Stifftchen gut verkeilt, und, was noch etwa vorstehen sollte, mittelst der Feile glatt gefeilt.

Der zwar nun fest stehende Vogel muß jetzt aber erst seine vollkommene Stellung, sowohl in Rücksicht des Kopfes und Halses, als auch der Füsse, mit ihren mehr oder weniger gebognen Knieen erhalten. Man bindet sofort um das Abgleiten der Flügel an den Seiten des Körpers zu verhüten, einen Zwirnfaden quer um dem Vogel, knüpft die Enden auf dem Rükken zusammen, und damit er am glatten Gefieder nicht abrutsche, so steckt man eine in den Rükken befestigte Nadel vor. Dieser Faden, als die einzige Bandage meiner Behandlungsart zum glatten Anliegen der Federn, wird die Flügel, je nachdem sich ihre Spizzen kreuzzen, oder nur berühren sollen, hinlänglich und so lange tragen, bis sie nach erfolgter Vertrocknung, ohne weitere Stüzze angeschlossen bleiben werden.

Nun werden alle Federn an Hals, Brust und Bauche noch einmal aufgelockt, die Federn des Ober- und Mittelrükkens gehoben, und gehörig gegen die Deckfedern der Schwungfedern zweiter Ordnung gezogen, und so alles künstlich natürlich geordnet.

Damit sich die Schwanzfedern beim Vertrocknen in der Wurzel nicht werfen, so werden diese in der gehörigen Breite, wie sie der Vogel im Leben trug, geordnet, und in einem doppelten Streifen Papier mit mehrern Stecknadeln festgesteckt. Auch der aufgesperrte Schnabel — wenn das Aufsperren anders nicht absichtlich geschiehet — wird mit einem durch die Nasenlöcher gezognen Faden am Unterkiefer fest zusammen gebunden. Wenn nun nach Verfluß von einigen Wochen, der Vogel ganz trokken ist, so entlediget man ihn sowohl der Flügel- als der Schnabel- und Schwanzbinden, streicht, wenn seine Natur es erheischt, im Tode erblaßte Hautfarben an Kopf oder

Füſſen, ſo wie die Augenſterne (welches man indeſſen auch früher thun kann) recht natürlich mit Oelfarben an, und zwickt endlich den zur Tragung des Schwanzes hinten aus dem After vorragenden Draht, mit der Zange ab.

Auf dieſe Weiſe iſt der Vogel durchaus geendigt, und kann nun der Sammlung einverleibt werden.

Dennoch aber ſind beim Ausſtopfen noch manche ſehr nützliche Bemerkungen in einzelnen Fällen nothwendig, die ich hier, weil ſie in das vorhergehende nicht füglich zu bringen waren, nach einander mittheile:

§. 1. Iſt die Anweiſung derer, welche den künſtlichen Körper dikker und länger als den natürlichen zu verfertigen anrathen, für den Anfänger von ganz entſchiednem — Nachtheil. Warum wohl dikker und länger? Weit eher rathe ich, den Körper etwas kürzer und Bruſt und Bauch auch etwas dünner zu machen. Um ſo viel beſſer werden ſich die Flügel, weil das Fell nicht zu ſehr geſpannt iſt, anlegen laſſen; und durch das Auflokken der Federn wird der Vogel in ſeinem Aeuſſerlichen nichts von ſeiner natürlichen Gröſe verliehren. Man vergesse nicht, daß durch das Lostrennen der Flügelhaut, in der Gegend der Achseln ein unnatürlicher Raum entsteht, den der Vogelbalg im Leben nicht hatte, und den man, wie es dem ungeachtet so Manche mechanisch treiben, mit Werg ausstopfen zu wollen, sich hüten muß. Mit dem fatalen Anleimen der Flügel, denken sie dann allen Misstand zu verbergen, und dasjenige mit Anwendung von Gewalt zu erzwingen, was sich, bei guter genauer Arbeit, ohne die mindeste Gewalt, so schön in die natürliche Lage faltet. — Wer nur einmal meine Behandlungsart versucht hat, wird diese Gründe sehr triftig finden.

§. 2. Wer sich durch fleißige Uebung einmal ein richtiges Augenmaas verschaffte, wird des beständigen Messens des künstlichen Körpers gegen den natürlichen, auch bald überhoben werden. Auch können dem Sammler leicht Umstände eintretten, welche dies Messen ohnehin unmöglich machen. Denn, zum Beispiel, man erhält einen Vogelbalg aus einer entfernten Gegend, oder man streift, auf einer Reise selbst mehrere Bälge ab, so wird und kann niemand auch den abgestreiften Körper mitnehmen. Stopft man nun bei der Heimkunft den Vogel aus, so ist in beiden Fällen, die Hautweite der Maasstab, und ein geübter Künstler wird dann selten fehlen.

§. 3. Hüte man sich, und zwar bei allen Vögeln, nur den Hals nicht zu lang, sondern lieber etwas kürzer, als den natürlichen zu machen. Weit besser und schöner können dann Hals und Schultern dargestellt werden; und selbst abermals, auf das Anlegen der Flügel, haben gedehnte Hälse den nachtheiligsten Einfluß. Die feuchte Haut läßt sich ungebührlich erweitern und ausdehnen, und man bemerkt diesen Fehler gewöhnlich dann erst, wenn der Vogel schon zugenäht ist, und man ihn nun beugen, und sein Gefieder in Ordnung bringen will.

§. 4. Da das Zunähen des Schnitts bei kleinen Vögeln manchmal sehr beschwerlich fällt, so kann man sie auch mit ganz kleinen Stecknadeln zustecken. Dies wird dadurch vollbracht, wenn man kleine Stecknadeln in die zusammen gezognen beiden äussersten Ränder des gemachten Schnitts, mit den Spitzen etwas schief in den Wergkörper einsteckt. Sind die Federn alsdann gehörig aufgelockt, so wird man eben so wenig eine Spur des Schnitts,

durch

durch diese Operation entdekken können, als wenn man den Vogel zugenäht hätte.

§. 5. Hat der ausgestopfte Vogel eine vorzügliche Gröse, und grose schwere Flügel, so können dieselben mit den gewöhnlichen Stecknadeln — wenn man sich anders nicht lange starke Drähte in Nadelform dazu spitz feilen will — nicht fest angesteckt werden. Man muß sie also, was auch bei dergleichen Vögeln weit besser ist, annähen. Man sticht nemlich mit einer dünnen langen Packnadel mit schwachem Bindfaden versehen, am nemlichen Flekke, wo die Stecknadeln sonst eingeschoben werden, von einem Flügel zum andern, quer durch die Brust, und verwahrt, um das Durchschlüpfen zu verhindern, beide Enden des ziemlich stark angezognen Bindfadens mit Knoten, die leicht unter den Federn der Afterflügel groser Vögel verborgen werden können. Bei dieser Arbeit muß man das Rutschen der Flügel, und daß keine Spizze länger als die andere auf dem Schwanze liegt, mit aller Vorsicht zu verhüten trachten. Uebrigens verweise ich den Liebhaber in dieser Hinsicht noch auf die erste Hauptabtheilung Lit. ö und bemerke nur hier, daß man die angenähten Flügel, nach völliger Trocknung, um sie am Körper ganz unbeweglich zu machen, an den beiden oben gegen den Rükken liegenden Knochenenden der Flügel, noch einmal, jedoch unter den Federn bedeckt, mit Zwirne oder Bindfaden zusammen heftet. Auf diese Art werden die Flügel am Körper nicht schwanken oder sinken können. Um das oben gedachte Rutschen der Flügel aus ihrer gut eingepaßten Lage zu verhindern, kann man sich auf jeden Fall, zwei in Nadelform spitz und sehr glatt gefeilte Drähte, von einiger Stärke und Länge vorräthig halten. Man steckt alsdann solche, vor Annähung der Flügel, an die rechten Stellen ein, zieht sie, nach Vollendung dieser Arbeit, wieder heraus, und kann sie so bei jedem auszubälgenden grosen Vogel gebrauchen.

§. 6. Wenn man sehr grose und schwere, mit langen Beinen versehene Vögel ausgestopft hat, so nehme man die Fußdrähte viel dikker, als den Körperdraht, jedoch immer so, daß die hornartige Hautbedekkung an den Füssen nicht durch allzubeträchtliche Dikke aufgeschlitzt wird. Sind nun, wie bei'm Abbälgen §. 6. gelehrt wurde, noch obendrein die Lendenknochen an den Füssen gelassen worden, so wird um so weniger der schwere Körper zu tief in den Schenkel sinken, oder der ganze Vogel nur im mindesten wanken können.

§. 7. Ein Vogel den man fliegend darstellen will, muß besonders gut befiedert und ihm, wenigstens an den Flügeln, kein Knochen zerschmettert seyn. Die Flügelknochen werden, wie schon oben bei'm Abbälgen §. 7. bemerkt worden, dann nicht im zweiten, sondern im ersten am Körper liegenden Gelenke abgeschnitten, und dikker, als gewöhnlich, mit Werg umwunden, damit der Draht fest darinn sitze. Da nun diese Knochen die richtige Länge und Proportion des ausgespannten Flügels geben, so werden zur Tragung desselben, zwei starke spitz gefeilte Drähte gebraucht. Den zur Tragung des linken Flügels bestimmten Draht, schiebt man unter dem rechten Flügel in der Gegend der Achseln quer durch den Körper, bis in die Handwurzel des linken Flügels; den zur Tragung des rechten Flügels aber, auf nemliche Art von der linken Seite ein Daß diese beiden Flügeldrähte aber beständig unterhalb des Balgs in dem Werg fortgestossen, so wie daß Schwung- und Seitenfedern des Vogels vollkommen gut geordnet seyn müssen, wird man von selbst begreifen. Es geschieht indeß, und hauptsächlich bei grosen Vögeln, öfters, dehen man diese Attitüde geben will, daß die langen Schwungfedern, ungeachtet des Flügeldrahts, in ihren Spizzen niedersinken, die, wenn man sie so eintrocknen liese, den Vogel sehr unnatürlich fliegend darstellen würden; Am besten hilft man sich dadurch, wenn man einen, oder, nach Erfordern, auch mehrere spitz gefeilte Drähte in die Seiten des Vogels einschiebt, und so die Schwungfedern, bis sie gänzlich getrocknet sind, gut geordnet auf diesen Stüzzen ruhen läßt. Nach einigen Wochen zieht man diese Drähte wieder heraus, und der Flügel wird alsdann natürlich ausgespannt erscheinen. Ein solcher fliegend vorgestellter Vogel wird dann, mittelst eines auf den Rükken befestigten Fadens, schwebend an die Dekke aufgehangen: oder man kann ihn auch auf einem Postemente mit den Füssen feststellen, und in der Miene und Stellung seines Kopfes und Halses andeuten, als ob er entweder abfliegen, oder sich so eben auf den Ast niederlassen wollte.

§. 8. Soll der Vogel zur Abwechslung der Stellungen, auf einem Beine stehend vorgestellt werden, so ist nicht allein der sonst abgeschnitten werdende Lendenknochen, sondern auch ein weit dik̃ker Draht zu dem stehenden Fuße erforderlich eben so, als daß man auf seine nicht im mindesten wankende Befestigung im Wergkörper und auf das Gleichgewicht des Vogels durch nöthige Beugungen desselben, alle mögliche Sorgfalt anwenden muß Sollte demungeachtet der Vogel bei'm Aufstellen wanken — wie dies manchmal dann doch der Fall seyn dürfte — so unterstützt man die wankende Seite so lange mit einem Draht, bis der Vogel völlig eingedörrt ist, und dann wird keine Stüzze mehr nöthig seyn. Den Draht des andern Fußes kneipt man dicht an der Sohle ab, und giebt diesem Fuße alsdann eine beliebige Stellung.

§. 9. Da bekanntlich der hinten am After heraus ragende Körperdraht zur Tragung des sonst herabsinkenden Schwanzes bestimmt ist, so lassen sich auch mittelst desselben, dem Schwanze alle erforderliche Beugungen geben. Der geübtere Liebhaber wird sich bei allerlei Richtungen des Schwanzes, wie z. E. beim Radschlagen des Pfauen, oder des falzenden Auerhahns, schon gut zu benehmen wissen, Drähte in den Schwanzdraht einflechten, wo es nöthig ist, u. s. w.

So wird sich endlich auch

§. 10. öfters der Fall ereignen, daß sowohl der angenähte als angesteckte Flügel, **vorzüglich bei grösern Vögeln,** statt die im Leben natürliche Wölbung zu haben, sich zu platt, und daher unnatürlich dem künstlichen Körper anschmiegt. Diese schöne Wölbung nun hervor zu bringen, schiebt man unter jeden Flügel einige Lagen Werg, und füttert sie so lange auf, bis jene Wölbung sich hinlänglich zeigt. Das etwaige Heruntergleiten dieses Werges wird durch den um die Flügel ohnehin gezognen Zwirnfaden verhütet; und wenn der Vogel einmal gänzlich getrocknet ist, folglich auch die Flügelfedern die ihnen durch das Werg gegebene Lage behalten, so nimmt man jene untergefütterte Werglagen wieder weg.

IV. Unterabtheilung.
Ueber die Stellungen der ausgestopften Vögel.

Diese Unterabtheilung hätte wohl, und zwar ohne daß dem Liebhaber einiger Nachtheil in seinen Versuchen daraus erwachsen wäre, füglich wegbleiben können, wenn ich nicht befürchten müßte, daß man mich einer Unvollständigkeit bezüchtigen würde. Also nur der Ordnung wegen, werde ich hier eins und das andre bemerken.

Weder im Allgemeinen noch im Einzelnen lassen sich über die Stellungen der ausgestopften Vögel, auch nur einigermaſſen brauchbare Regeln geben, und man würde, glaube ich, einen Folianten, ohne den Gegenstand zu erschöpfen, und ohne dem Naturkenner auch nur den geringsten Dienst mit einer solchen herkulischen Arbeit zu leisten, darüber zusammen schreiben können. Ein fruchtbares Genie, ein geübter Künstler, und ein Naturkenner werden die geschmackvollste und der Natur getreueste Sammlung erschaffen können.

Man bemerke nur im Allgemeinen, daß man den Vogel gerne die ihm gewöhnliche Stellung giebt, daß man sich aber auch darinn, wenn man mehrere Exemplare einer Art ausstopft, nicht irre machen laſſen muß. Man giebt dem Vogel alsdann eine andre, aber immer natürliche angemeſſene Stellung. Das menschliche Auge liebt bekanntlich die Abwechſelung, und die Natur — wie unerschöpflich ist sie an Hülfsmitteln zu diesem Zwekke! Wie elend und ganz geschmacklos würde daher nicht eine Sammlung aussehen, in welcher die Vögel alle so steif, unbeholfen und in einerlei Gesichtsrichtung, wie der unter der Fuchtel gediehene Soldat, da stünden!

Gewiß wird man am sichersten und leichtesten allen diesen und ähnlichen Fehlern dadurch hauptsächlich vorbeugen, wenn man dasjenige genau befolgt, was ich in dem zweiten Satz meiner Einleitung zu diesem Werkchen, gesagt habe; und was nicht genug empfohlen werden kann, wenn der Dilletante nicht ein Pfuscher bleiben will.

Und hiermit glaube ich nun alles mögliche, was zur Erlernung der Kunstkenntnisse im Vögelausstopfen unumgänglich gehört, und daher den Liebhabern von Nuzzen seyn kann, vorgetragen zu haben. In der Folge wird er sich freilich noch manche kleine Vortheile bei der Ausübung eigen zu machen wissen, die man ihm aber unmöglich alle gleichsam ad oculos demonstriren kann.

Dritte Hauptabtheilung.

Vom Ausstopfen der Säugethiere überhaupt.

Ich gehe nun zu dem Ausstopfen einer andern Thierklasse über, von deren richtigen Behandlungsart keine genug detaillirte und befriedigende Abhandlung bis jetzt mir bekannt geworden ist. Und doch verdient das Bereiten der Säugethiere für Kabinette, in mancherlei Rücksicht, nicht minder Aufmerksamkeit und Kenntnisse, als das der Vögel. Diejenigen, welche in ihren Schriften desselben erwähnen, schlüpfen leicht und ohne viele Umstände darüber weg, und überlassen so den forschenden leidenschaftlichen Liebhaber einer quälenden Ungewißheit, und seinen eigenen Versuchen in dieser Kunst. Warum man aber diesen Gegenstand so oberflächlich behandeln soll, davon kann ich mir keine Ursache denken, da es doch ausgemacht ist, daß so viele wilde Säugethiere die, entweder in tiefen Erdhöhlen wohnend, oder in finstern Waldungen herumschwärmend, sich unsern Blikken entziehen, einer nicht weniger im Tode natürlichen Darstellung für das menschliche Auge, und den Forschungsgeist würdig sind, als ornithologische Museen; und da ferner die Behandlungsweise ihrer Abbälgung, Ausstopfung und Aufstellung nach ihrem Körperbau, in vielen Rücksichten von der der Vögel verschieden ist, mithin besondere Kunstgriffe voraussetzt. So richtig der Satz zwar in Praxi ist, daß der geübte Vögelausstopfer auch in dieser Kunst bald wichtige Fortschritte machen werde, so wird er nur um so leichter diesen Zweck erreichen, wenn er hier mit mehrern, bis dahin ihm vielleicht unbekannt gebliebenen Vortheilen, bekannt gemacht wird.

Es hat daher der Verfasser dieses Werkchens sich zu bemühen gesucht, auch hierinn dem Liebhaber das Sachdienlichste mitzutheilen. Um desto sicherer zu gehen, hat er die Behandlungsweise würdiger Künstler mit der seinigen zusammen geschmolzen; und ob er gleich manche sehr grose Säugethiere bis jetzt noch nicht selbst ausgestopft hat, so glaubt er dennoch, daß seine in dieser Hinsicht theoretische Angaben in der Ausführung vollkommen die Probe halten werden. Ueberhaupt nimmt er es, und gewiß nicht ohne Grund, für eine entschiedne Sache, daß dasjenige was sich vom Ausstopfen der Vögel auf's Ganze abstrahiren läßt, auch hier bei den Säugethieren in gewisser Rücksicht gelte; oder, welches einerlei ist; wer etliche Vögel verschiedener Gattungen gut gefertigt hat, wird bei vorkommenden Fällen, auch Vögel aus andern Gattungen aufstellen können — wer nach mehrern Versuchen und mit den Hauptgrundsäzzen vertraut, einmal ein Säugethier der Natur getreu ausstopfte, wird dies auch bei den übrigen leisten können. Aber die Mannigfaltigkeit in den Stellungen und Gebärden der Säugethiere, müssen, so wie ich dies bei den Vögeln forderte, auch hier aus der praktischen Naturkunde geschöpft werden.

Da man so wenig ausgestopfte Säugethiere gröserer Arten, selbst in sonst ansehnlichen Naturalienkabinetten, antrift; so ist es wohl keinem Zweifel unterworfen, daß man die desfallsige Ursachen theils in denen zu ihrer Aufbewahrung erforderlichen geräumigen Zimmern, theils in den nicht unbeträchtlichen Kosten zu ihrer Anschaffung und natürlichen Aufstellung, theils und hauptsächlich aber in dem Mangel an naturwissenschaftlichen Künstlern der Art, zu suchen hat; indem es in der Erfahrung allerdings einen grosen Unterschied macht, ob man einen Vogel oder einen stolzen Sechszehnender auf die Beine bringen will. Denn dort können die Federn, unter andern, selbst grose Fehler der geformten Haut manchmal noch zierlich genug bedekken, hier aber die Haare kaum den geringsten. Und zudem, so betrachtet man lieber die Thiere im Freien, als daß man sie im Tode verunstalten läßt, und wo man ärgerlich den Blick einem Gegenstande entzieht, woran zugleich der Fleiß und die Geschicklichkeit des Künstlers bewundert werden sollten.

Grose Säugethiere aus andern Welttheilen, so wie Vögel dorther, werden die meisten deutschen Liebhaber der Ausstopfkunst, der ungeheuern Kosten im Ganzen wegen, wohl schwerlich ihren Sammlungen einverleiben können. Lasset uns dies lieber mit den vaterländischen Thieren versuchen, und trage jeder Forscher sein Scherflein dazu, die mancherlei Irrthümer und Ungewißheiten, worinn noch so viele ganz in der Nähe von uns angesiedelten Thiere gehüllt sind, nach und nach zu zerstreuen, damit endlich einmal eine durchaus gereinigte Naturgeschichte aus der Feder irgend eines grösen Mannes fliesen möge!!

Ich glaube daher, was die innländischen Säugethiere anlangt, däß man seine Kunst — die kleinen wilden Thiere mit eingeschlossen — höchstens an der Gröse eines Rehes, eines Hauptschweins, oder eines vorzüglich schönen Hirsches üben werde. Und doch, wie selten sind selbst diese Stükke in zoologischen Sammlungen anzutreffen!!

Das Ausstopfen der zahmen Säugethiere will ich dann der Leidenschaft und dem Vermögen des Liebhabers heimgeben, wehn er nicht etwa einen im Leben geschätzten treuen Hund, eine merkwürdige Varietät, oder eine auffallende Misgeburt seiner Sammlung einverleiben will.

Man wird nun hoffentlich begreifen, wohin ich wegen dem Sammeln von Säugethieren ziele; so wie ich hier den Liebhaber aus mancherlei Gründen erinnern muß, sich zuerst die Kunst Vögel gründlich ausstopfen zu können, ganz eigen zu machen, ehe und bevor er sich an die Säugethierepräparate wagt. Er wird dann sicher um so viel leichter seinen Zweck erreichen.

I. Unterabtheilung.

Ueber die erforderliche Beschaffenheit eines auszustopfenden Säugethieres.

Da die Säugethiere im Winter am besten und schönsten behaart sind, so ist es einleuchtend, daß sie alsdann zum Ausstopfen auch vorzüglich taugen. Bei manchen, zum Beispiel dem Fischotter, dessen Balg Winters und Sommers beinahe gleichgut ist, kann man inzwischen wohl Ausnahmen von der Regel machen.

Das Thier mag übrigens noch so sehr mit gedörrtem Schweise (Blute) oder Koth bedeckt seyn, so kann man dennoch seine Haare durch die nemliche Verfahrungsart, wie bei den Vögeln gelehrt wurde, und der aufmerksame Leser sich erinnern wird, vollkommen gut herstellen; und noch weit weniger, wie an den Federn, wird man alsdann auch nur eine Spur stark beschmutzt gewesener Stellen, finden können. Die Kinnladen dürfen weder zerschmettert seyn, noch überhaupt auch ein äusserlicher Kopftheil fehlen, indem dies sonst nur mit ausserordentlicher Mühe und neuen Kunstmitteln, selbst dann nicht einmal vollständig herzustellen ist.

Will man lebende Säugethiere zum Behufe des Ausstopfens tödten, so kennt man schon jenen empfindlichsten Körpertheil, ich meine das Genikke, wo ein einziger Stich, mit einem spizzen Instrumente in dasselbe, selbst das gröseste Säugethier, augenblicklich todt hinstürzen machen kann. Haasen und Kaninchen mit einem Handschlag ins Genikke zu tödten, ist übrigens bekannt genug. Nur den Igel — einen Schrotschuß jedoch ausgenommen — leicht ums Leben zu bringen, weiß ich noch kein sichres Mittel, weil man ihm, selbst wenn er mit Gewalt ausgespannt ist, seiner Stacheln wegen nicht wohl beikommen kann. Nur durch den schrecklichen Hungertod, wer anders grausam genug dazu wäre, würde der Zweck erreicht werden können.

Alles übrige etwa noch Sachdienliche, was ich bei den Vögeln in der 1. Unterabtheilung der zweiten Hauptabtheilung gesagt habe, ist auch hier bei den Säugethieren anzuwenden, weswegen ich, zur Ersparung des Raums, den Liebhaber wieder dorthin zurückweisen muß.

II. Unterabtheilung.

Das Hautabstreifen des Säugethieres.

Nachdem man dem Thiere zur Hemmung abtrieffen könnender Unreinigkeiten, eine ziemliche Portion Baumwolle, oder feines weiches Werg in die Nasenlöcher, den Rachen und Schlund geschoben hat, so werden ihm — in seiner Lage auf dem Rükken — die Haare auf der Brust und dem Bauche voneinander gesondert, damit die nackte Haut zum Vorschein komme. Dann setzt man das Federmesser auf der Brust wie beim Vogel ein, und führt den Schnitt, jedoch sehr leicht durch die Haut bis zum After hin. *) Man löset dann, wie

---

*) Wer eine stete Hand hat, kann auch statt dieses Schnittes, die Haut vom Waidlöche an bis vornen zur Brust, mit dem Messer aufschlizzen. Diese Operation geht geschwinder als die andere, und man wird kein Haar am Balge verlezzen, da dieses Aufschlizzen in gerader Linie von der innern Hautseite (Luderseite) nach aussen bewerkstelligt wird.

d. V.

wie bei den Vögeln, die Haut zuerst auf einer Seite ab, schneidet das Hüftbein jedesmal aus der Pfanne, oder dem Rückgrade, arbeitet den Fuß bis gegen die Zehen so weit man kommen kann, ohne die Haut zu verletzen, aus dieser heraus, säubert alle, **durch die Gelenkligamente aneinander hängen bleiben müssende Knochen** ganz rein vom Fleische, und stülpt die Haut über die entfleischten Knochen in ihre natürliche Lage zurück. Mit dem andern Hinterbeine verfährt man dann auf die nemliche Weise, und schreitet nun zur Abstreifung des Schwanzes. Man schneidet ihn nemlich auf seiner untern Seite, der Länge nach, bis an die Spizze auf, und wird ihn auf diese Weise sehr leicht aus seiner Haut bringen können. (Nach Jägermanier ihn herauszuwinden, taugt nicht, denn eines Theils würden dadurch viele Haare ausfallen, andern Theils und hauptsächlich aber, würde die in der Spizze sich sammelnde Feuchtigkeit, die Blume (haarigtes Schwanzende) ausfallen machen. Bei kleinen Säugethieren von der Gröse eines Eichhörnchens, geht das **Schwanzausdrehen** eher an, weil nicht so viele Feuchtigkeit in der Blume vorhanden seyn kann.)

Ist jene Arbeit nun gut von statten gegangen, so trennt man das Fell auf dem Hinterrükken gegen das Kreutz hin, noch ein wenig los, befestiget eine Schlinge von verhältnismäsig starken Bindfaben, um den ganzen nun abgestreiften Hintertheil des Thieres, (denn an die Hüftbeine kann man diese Schlinge nicht machen, weil sie abgelößt wurden, und an den Fußknochen hängen) und hängt es so schwebend an einen Kloben auf. Man streift nun das Fell, woran Schwanz und Hinterbeine hängen, bis zu den Vorderbeinen herab, welches treflich von statten gehen wird, hebt sodann diese etwas heraus, lößt sie ebenfalls sammt dem Schulterblatte (scapula) vom Körper ab, und zieht sie aus der Haut bis gegen die Zehen hin, so weit man ohne Hautverlezzung kommen kann. Von allen Fleischtheilen gereiniget, werden alsdann die an einander hängende Knochen — gerade so wie die Hinterbeine, ohne vorher mit Werg umwunden zu seyn — in die Haut zurückgeschoben. Indem man nun immer weiter das Fell über den Hals, nach dem Kopfe zu, herabzieht, wird man an den innern Gehörgang der Ohren gelangen, dessen knorpliche Röhren vorsichtig durchschnitten werden müssen; und endlich nachdem durch das immer weitere Ziehen des Felles, auch die Augen ganz frei liegen, wird der Hals, gerade wie bei den Vögeln, durch einen Schnitt vom Kopfe getrennt. Man steche nun die Augen aus ihren Höhlen, schaffe alles Gehirne unter der Schale weg, und reinige überhaupt den Kopf nach Möglichkeit von allen Fleischtheilen. Mit Conservirpulver und Rauchtabacksasche wird nun der gereinigte Schädel, so wie der Rachen dicht bestreut und gerieben, dann, eben so wie den Vögeln, eine Parthie Werg in den leeren Hirnschädel fest eingedrückt, und die künstliche Augen auf untergefütterte Baumwolle an die gehörigen Stellen gesetzt: Da man vorzüglich bei den gröserrn Säugethieren vieles Fleisch an dem Kopfe wegzumachen hat, so muß nun auch an die Plätze desselben eben so vieles Werg in gehöriger Proportion aufgetragen werden; denn wenn dies nicht geschähe, so würde der Kopf ein zu dünnes Ansehen bekommen, mithin seine natürliche Gestalt nicht repräsentiren. Man stülpt sodann die Kopfhaut allmählig wieder nach den Ohren zurück — wobei man sich jedoch vorsehen muß, daß das oberhalb so wie an den beiden Seiten des Kopfes aufgelegte

Werg in seiner richtigen Lage bleibe und sich nicht von einem Plaze zum andern schiebe — und drückt ihn dann vollends durch den Hals wieder heraus, so, daß die Haare alle wieder auswärts stehen und der Balg in seiner natürlichen Lage ist. Jetzt werden auch die zum Vorschein gekommene Augen an der Aussenseite des Balgs an ihrer gehörigen Stelle, der Natur gemäs, entweder noch gehoben, oder niedergedrückt. Das Kopfüberstülpen wird bei den meisten Säugethieren sehr leicht von statten gehen; so wie man überhaupt bei'm ganzen Abbälgen, wegen der Stärke des Felles, viel mehr Gewalt — da wo sie nöthig ist — als bei den dem Zerreissen so leicht ausgesezten Vogelbälgen, anwenden kann.

Man schreitet nun zum Umwinden der abgeputzten Fusknochen, welches beim Ueberstülpen eines jeden vorher nicht gleich nöthig war, weil der behaarte Balg bei weitem nicht so schnell wie der befiederte eintrocknet. Die Verfahrungsart ist diese: Man zieht die vorher sehr gereinigten Fusknochen wieder aus der Haut, so weit man sie im Anfange lostrennte, reibt und bestreuet sie stark mit dem Conservirpulver und fängt sodann mit dem Winden des Wergs an. Der Fus (palma — in sensu stricto) kann auf die gewöhnliche Art rings umwunden und dann in die gehörige Form gedrückt werden; allein mit dem Umwikkeln des Hinter- und Vorderarms, so wie des Schulterblatts (brachium — antibrachium — scapula), an den Vorderbeinen und des Hüft- und Schenkelknochens (femur — crus), an den Hinterbeinen hat es eine andre Bewandnis. Diese müssen in breiter und platter Gestalt so künstlich ähnlich, als das davon abgeschnittne Fleisch, wieder gebildet werden. Am besten erreicht man diesen Zweck, wenn man diese Knochen zuerst ordentlich rund jedoch nicht zu dick umwikkelt, dann aber mehrere kleine Parthieen Werg in eine breite und platte Form legt, und diese alsdann den Knochen anschmiegt. Um diese Werglagen aber mit den Knochen in eine feste Verbindung zu bringen, so sticht man mit einer eingefädelten grosen Nadel so lange durch dieselben und wieder zurück, so wie auch nach allen Seiten hin, bis sie nicht allein an den Knochen fest mit einander verbunden sind, sondern auch die natürliche Gestalt der Fleischmasse haben. Während dieses Nähens kann man immer noch Werg zu- oder abtragen, je nachdem es die Nothwendigkeit der Proportion erheischt.

Ist man nun auf vorbeschriebene Weise mit den vier Beinen fertig geworden, so schiebt man sie wieder in die Haut, nachdem solche vorher, auf der innern Seite tüchtig mit Conservirpulver bestreuet worden ist, in ihre natürliche Lage zurück, und drückt die rund gewundnen Stellen des Fusses mit den Fingern in die gehörige Form.

Ohne Verzug geht man nun zur Ausfüllung des Schwanzes. Man nimmt dazu einen verhältnismäsig dikken, durchgeglüheten und dann strack geklopften Draht, der etwas länger als der Schwanz ist, bestreicht ihn mit Wachs zum bessern Anschmiegen des Wergs und windet ihn dann mit lezterm zur proportionirlichen Dikke, so daß er gegen den After am dicksten, am Schwanzende aber am dünsten ist. Wenn die Ränder des Schnitts, ohne grose Gewalt, beim Ueberschlagen einander berühren, so hat er die gehörige Form. Dieser mit Werg umwundne Draht wird sodann mit Rechts- und Linksstichen — so wie beim Zunähen der Vögel gelehrt wurde — von der Schwanzspizze gegen den After hin in die vorher ebenfalls mit Conservirpulver bestreuete Schwanzhaut fest eingenäht, und das nun am After noch vorragende und ebenmäsig umwunden seyn müssende Stück des Schwanzdrahts wird, zur Haltung bei den erforderlichen Beugungen des Schwanzes, in den Wergkörper hinten gesteckt und mit demselben fest verbunden, wie dies weiter in der folgenden Unterabtheilung abgehandelt werden soll.

Und so wäre nun die Haut des Säugethieres, nachdem sie auf allen Punkten ihrer innern Seite mit Conservirpulver und Rauchtabaks- oder Buchenasche stark bestreut worden, zur völligen Bildung des künstlichen Körperbaues, geschickt gemacht.

Ich muß indessen auch hier — so wie bei den Vögeln — mehrere das Abstreifen des Felles betreffende Bemerkungen, die im Allgemeinen von Nuzzen seyn können, in Paragraphen hier nachführen.

§. 1. Empfehle ich dem Liebhaber, wenn er zum Beispiel Füchse, Dachse, wilde Kazzen, oder noch gröfere Säugethiere für seine Sammlung bereitet, sich zum Säubern des Kopfs, eines Topfes voll siedenden Wassers zu bedienen. Es wird nemlich der von der Haut entblößte Schädel einige Zeit hineingetaucht, wobei man sich indeß wahren muß, daß das siedende Wasser den alsdenn vorn um die

Schnautze hängenden Balg nicht berühre. Durch dieses Eintauchen wird sich das Fleisch nachher überall mit ganz leichter Mühe von den Knochen abschälen lassen.

Wer bei kleinern Säugethieren schneller mit der übrigens langsamen Arbeit des Kopfsäuberns davonkommen will, kann sich auch bei diesen obigen Mittels bedienen.

§. 2. Es ist zwar bei kleinen Säugethieren hinlänglich, wenn man das Fell, um die etwaigen Fett- und Fleischtheilchen daran verzehren zu machen, mit dem gewöhnlichen Conservirpulver und Asche gut bestreuet; allein bei grösern Thieren, die zumal nicht wohl hinter Glas zu verwahren sind, dürfte doch dieses Mittel nicht gänzlich hinreichend seyn, die Haut in der Folge zu conserviren. In diesem Falle rathen Viele das sogenannte Gahrmachen der Haut durch den Kirschner an, welches ich mir in so fern gefallen liesse, wenn übrigens nichts am Balge verdorben würde, und diese Operation für unsern Zweck von ganz entschiednem Nuzzen wäre. Allein da die Erfahrung einen jeden Liebhaber belehren kann, daß dies der Fall bei dergleichen Leuten nicht ist, daß sie ferner eine solche

Arbeit wie die gewöhnlichen Rauchwaaren behandeln, den Balg ungewöhnlich ausdehnen, und daß das Thier also beim Ausstopfen eine seiner Natur ungetreue Gestalt erhalten müsse, und endlich, daß auch selbst diese Bereitung den Raubinsekten keineswegs den Eingang indistinct verbietet, wie mancher Pelzhändler zu seinem Schaden weiß — so möchte wohl folgende Verfahrungsart immer, wo nicht die beste, doch wenigstens eben so gut und dem vorliegenden Zwekke an Einfachheit gewiß entsprechend seyn.

Man schabt nemlich mit einem nicht allzu scharfen Messer das abgestreifte Fell auf seiner Luderseite, nach Möglichkeit, von allen Fett: Fleisch: und gröbern Hauttheilen, und bestreut es alsdann mit ungelöschtem und kleingestoßenem Kalk und Allaun, welches zwei: und mehrmalen, nach Verhältnis der Hautgröse und Dikke derselben, wiederholt werden kann, nachdem die alte Masse aber jedesmal vorher wieder abgerieben wurde. Diese Hautbeize nun (ein wahres Gerben im Grunde) wird ohne Frage den erforderlichen Dienst leisten, und wenn man das frisch ausgestopfte und aufgestellte Thier in den ersten paar Wochen fleißig betrachtet und vor Staub und Unrath im Zimmer vorzüglich sichert, so wird kein Insekt ihm schaden. Ist die Haut aber, nach Verfluß mehrerer Zeit, erst einmal gänzlich dürre geworden, so hört alles Nagen der Feinde ohnehin auf. Man hüte sich jedoch, die Haut solcher grösern Säugethiere nicht zu trokken werden zu lassen, zumal da der Allaun eine abstringirende Eigenschaft hat, der Kalk aber sehr schnell trocknet. Ich rathe daher, länger als einige Tage die so präparirte Haut nicht unausgestopft liegen zu lassen. **Mit gut gesättigtem Allaunwasser** kann man sie allenfalls kurz vor dem Ausstopfen, und während man an dem künstlichen Corpus arbeitet, noch verschiednemale tüchtig bestreichen, wodurch sie dann bis zur gänzlich vollendeten Ausstopfung und Aufstellung des Thieres recht biegsam bleiben wird.

§. 3. Es könnte wohl der Fall hier und da eintretten, daß ein Liebhaber einen Rehbock oder gar einen Hirsch unter seinen Händen gerne möchte auferstehen sehen. Hier beim Abbälgen hörnertragender Thiere kann er nun die **allgemeine Vorschrift**, wegen dem Hautziehen über den Kopf, deswegen nicht befolgen, weil ihm die auf dem Schäbel fest eingewurzelte Gehörne diese Arbeit unmöglich machen würden. Auf einen solchen Fall schneidet man, wenn man bis zum Kopfe mit dem Abstreifen der Haut, auf die gewöhnliche Art, gekommen ist, noch obendrein die Haut sowohl auf der untern Kinnlade als den beiden Kopfseiten, der Länge nach, auf, löst sie vom Fleische so weit man auf jeder Seite gelangen kann, und arbeitet dieses von den Knochen weg. Auf diese freilich etwas beschwerliche Art wird nichts am Gehörne lädirt; man kann dann, statt des abgeschälten Fleisches am Kopfe, Werg in natürlicher Proportion an die Stellen unterfüttern, und ein geübter Künstler wird diese gemachten Schnitte dergestalt wieder zuzunähen wissen, daß kaum eine Spur davon zu entdekken seyn wird. Daß bei dergleichen Säugethieren das Gehirne bequem auf die gewöhnliche Weise von hinten heraus gearbeitet und die gesäuberten Kopfknochen an den aufgeschlitzten Stellen mit Conservirmasse gut bestreut werden müssen, verstehet sich wohl von selbst.

Es ist mir übrigens nicht unbekannt, daß manche Künstler, bei'm Abbälgen hörnertragender Thiere, die Häute derselben von der untern Kinn lade an, den Hals hinab, zwischen den Vorderbeinen durch über Brust und Bauche bis zum After, also der ganzen Länge des Thieres nach, in gerader Linie aufschneiden. Daß diese Behandlungsart leichter und bequemer sei, die Fleischtheile am Kopfe solcher Thiere wegzunehmen, will ich keineswegs in Abrede stellen. Allein wenn man erwägt, daß durch das Nichtaufschneiden der Haut über die Brustspizze und den Hals, dem Thiere unbezweifelt eine natürlichere Form gegeben werden kann, als wenn man diese Theile aufschneidet, den Wergkörper einsetzt, und dann wieder zunähet, so wird man hoffentlich um deswillen die mit meiner vorgetragnen Behandlungsart verknüpfte kleine Mühe nicht scheuen. Damit man aber beim Ziehen der Haut über den Hals, durch das gewöhnlich am Thiere rückwärts gewachsne Gehörne nicht gehindert wird, so beugt man den Kopf nach dem Unterhalse zu, und befestigt ihn in dieser Lage. Ungehindert wird man alsdann fortarbeiten können, da auch das astigste Gehörne in gerader Linie wegstehen wird.

§. 4. Kann ich das oben schon beschriebene Formen mit Werg des Hinter- und Vorderarms, so wie des Schulterblatts an den Vorderbeinen,

und des Hüft= und Schenkelknochens an den Hin=
terbeinen, nicht genug dem Liebhaber empfehlen.
Hauptsächlich aber von der richtigen Bearbeitung
der beiden Hinterbeine wird das natürliche Aufstel=
len eines Säugethieres mehr oder weniger abhän=
gen, indem diese den grösten Theil des sichtbaren
Hinterkörpers ausmachen. Denn sind diese Kno=
chen künstlich natürlich umwunden worden, so wer=
den sie, wenn der Wergkörper dazwischen zu liegen
kommt, auf beiden Seiten des Felles, ganz der
Natur getreu, etwas heraustretten, und so
nach und nach bis zum Fusse in den schönsten Ver=
hältnissen dastehn. Meine desfalls angegebene Me=
thode, mittelst des Nähens mit Zwirne, diese Theile
gehörig zu formen, wird man übrigens sehr bald
zur Fertigkeit bringen können.

Manche Künstler, die von dem hier angegebe=
nen künstlichen Formen der Vorder= und Hinterbeine
entweder nichts wissen, oder nichts wissen wollen,
lösen die Beine des Säugethieres eben so, wie die
der Vögel, das heißt im zweiten Gelenke, ab. Wie
unnatürlich aber diese, nach übrigens willkührli=
chen Grundsäzzen vollendete Figur werden müsse,
davon kann man sich in ansehnlichen Museen, wo

dergleichen Thiere am gewöhnlichsten angetroffen werden, hinlänglich überzeugen. Denn da bekanntlich die Schenkel und Hüften an einem Säugthiere auch für das Auge sehr charakteristisch sind, so kann, wenn das Hüftbein am Fleischkörper hängen bleibt, unmöglich jene natürlich schöne Bildung des Hintertheils am Körper erreicht werden. Auch, statt der nothwendigen tief eingeschnittnen Wölbung nach dem Hinterbauche und den männlichen Geschlechtstheilen zu, wird man bei dieser Behandlungsart die Bauchhaut gewöhnlich unförmlich und überall gleichrund ausgestopft finden. Manche formen zwar die Hüften (femora) durchaus von Werg, mit Hinwegschneidung des Knochens selbst; allein diese Arbeit ist sehr mislich, langweilig und kann der Gestalt nach, unmöglich so gut und richtig ausfallen, als wenn der Knochen drinn steckt, und mit Werg umwunden wird. Auch gesellet sich oft noch der fatale Umstand bei diesem Verfahren hinzu, daß, wenn das Hüftbeinwerg nicht gut an den Schenkel befestiget und verwahrt ist, der durchgestossene Fußdraht die Hüften abreißt, und an einen falschen Fleck nach dem Leibe stößt, wodurch mithin der gute Zweck verfehlt wird. Man bleibe also bei meiner Methode und lasse dem auszustopfenden Thiere diesen Hüftknochen, der durch den Fusdraht weder abgestoßen werden, noch die Raubinsekten so wenig als die übrige gereinigte Knochen, anlokken kann.

III. Unterabtheilung.
Das Ausstopfen des Säugethiers. *)

Man nimmt einen verhältnismäsig dikken Draht in der Länge vom Hirnschädel an bis zum After,

*) Der scharfsichtige Leser mag mich keiner Planlosigkeit in diesem Werkchen beschuldigen, wenn ich sowohl bei den Säugethieren als Vögeln, das Ausstopfen des Hirnschädels, der Füsse, Flügel u. s. w. unter der Rubrik des Abbälgens vorgetragen habe. Ich weiß es sehr gut, daß die deßfallsigen Beschreibungen eigentlich unter das Ausstopfen gehört hätten, allein bei meiner Behandlungsart der Thiere konnte ich für diesen Uebelstand nichts, indem ich sonst befürchten mußte, durch zu öftere Wiederholungen zu weitschweifig und daher vielleicht gar undeutlich zu wer-

glüht ihn gut durch, klopft ihn dann gerade und feilt ihn an dem einen Ende — so wie den Draht der Vögel — sehr spitz. Ist er nun vorher tüchtig mit Wachs bestrichen worden, so fängt man mit dem Wikkeln des Wergs um denselben in ganz dünnen Lagen an; wobei man sich indeß vorsehen muß, daß der spitzgefeilte Theil einen Zoll lang — oft, nach Erfordern, auch länger oder kürzer — vom Werge frei bleibe, weil dieser in den schon ausgestopften Hirnschädel fest eingedrehet werden muß.

Man windet ihn nun in der Länge nach dem natürlichen Körper, mißt die Länge und Dikke des Halses desselben, und wikkelt mit dem Werge beständig fort, bis die natürliche Proportion erreicht worden ist. Dann verfährt man mit den Brust- und Bauchstellen dieses Drahtes — also dem ganzen Körper der Länge nach — auf diese nemliche Weise, füllt sie mit plattgedrückten Werglagen jedoch nicht zu stark auf — indem bei den Säugethieren Brust und Bauch in gewissen Verhältnissen, nicht so her:
vorspringend

---

den. Wer wird übrigens auch an einer kleinen Methode kritteln, wenn die Sache anders gut ist? d. V.

vorspringend rund wie bei den Vögeln, sondern, hauptsächlich an den Seiten der Brust, mehr breit und spitz gedrückt sind — und umwindet alsdann den ganzen aufgetragnen Wergkörper mit starkem Zwirne, oder Bindfaden, wodurch jener — so wie auch schon bei'm Ausstopfen der Vögel gelehrt wurde — einzig seine natürliche Form erhalten muß. Denn wo zu vieles Werg liegt, wird abgezupft, und wo zu wenig ist, hinzugethan, dabei aber beständig in's Kreutz und die Quere, und nach allen Seiten hin mit dem Zwirne gewunden. Man bemerke sich indeß die Seiten an dem Buge des Wergkörpers, wo die umwundne Hinterarme, und die Seiten des Hinterkörpers, wo die ebenfalls schon umwundne Hüftbeine gehörig eingeschlagen und beigedrückt werden müssen, nicht zu dick aufzufüllen, weil sonst das Hervortretten derselben an der Aussenseite des Felles dadurch zu stark und daher eben so unnatürlich werden würde, als wenn gar keine Erhöhung an der Haut zu sehen wäre. Hat man nun den Wergkörper durch das Winden mit dem Zwirne, dem natürlichen ähnlich geformt, so stülpt man den Kopf des Thieres durch die Halshaut wieder zurück, bohrt die Spitze des Werg-

H

körperdrahtes so fest und tief als möglich in die mit Werg ausgestopfte Hirnhöle und strupft sodann die Haut wieder über den künstlichen Körper, in ihre natürliche Lage zurück. Wenn man nun die Haut auf allen Punkten in ihre gehörige Lage geschoben hat, so, daß nirgends Falten sich zeigen, auch die Hinter- und Vorderbeine an ihren richtigen Stellen liegen, so paßt man die beiden Ränder des Schnitts auf Brust und Bauche zusammen, wo mann dann finden wird, ob man zu vieles Werg am Körper habe — welches indessen, wenn man das Maas nach dem Fleischkörper genau nahm, selten der Fall seyn wird — oder ob noch welches fehle. In diesem letzten Falle kann man das fehlende Werg alsdann bequem an die erforderlichen Plätze einschieben. Unter den vorragenden Schwanzdraht — wie oben bei'm Abbälgen zu ersehen ist — legt man ebenfalls einiges Werg, damit er nicht unmittelbar auf der Haut ruhe, und versteckt und verbindet ihn nach Möglichkeit fest mit dem Körperdrahte. Sofort werden beide Ränder des Schnitts, und zwar von der Brust an nach dem After hin, so sauber als thunlich, durch Links- und Rechtsstiche zusammen genäht, der abgeschnittene Faden aber mit einem

Knoten gut verwahrt. Daß beide Ränder des Schnitts gerade aneinander passen, mithin sich nicht beim Zusammennähen überschlagen dürfen, wird jedem leicht begreiflich seyn.

Nach Vollendung dieser Arbeit stopft man nun dem Thiere entweder Baumwolle, oder ganz feines Werg durch den Mund zur völligen Rundung und natürlichen Bildung der Kehle, des Kinns, der Bakken, und wo man es sonst noch erforderlich findet. Auf diese Weise, und wenn man auch in die Ohren dünne Werglagen nach und nach an die noch lockre Stellen der Haut einschiebt, kann man die sehr dikken Bakken mancher Säugethiere, z. E. der wilden Kazze, sehr natürlich wieder auffüllen.

Hierauf werden die vier, übrigens nicht geglühete, Fusdrähte, die einen guten Theil länger als die Beine seyn müssen, weil sie im Wergkörper haften sollen, durch Geradklopfen und Spitzfeilen an einem Ende zubereitet, und einer nach dem andern durch die Sohle am hintern Ballen (metacarpus an den Vorderbeinen — metatarsus an den Hinterbeinen) auf die nemliche Art, wie bei den Vögeln, hinauf in den Wergkörper dergestalt eingestossen, daß kein Fuß wankt und auch noch Stückchen Draht zum Befestigen aufs Postement vorragen. Das so weit gefertigte Thier scheint — so wie dies durchgehend der Fall bei Bearbeitung der vierfüssigen Thiere ist — jetzt immer noch eine höchst unförmliche Gestalt zu haben. Allein ich sage, es scheint auch nur so; denn, durch die verschiedenen Drükkungen und Beugungen des Körpers, wird erst die richtige Form erschaffen. Ungesäumt giebt man nun auch dem Thiere diese Gestalt, beugt den Schwanz und die vier Beine in die erforderliche natürliche Lage, bohrt in ein länglicht vierekkigtes Brett — das zum Postemente dient, und derer verschiedner Gröse man immer vorräthig haben sollte — vier Löcher in richtiger, dem Körperbau des Thieres angemessner Weite von einander entfernt, ein, zieht die vorragenden Enden der Fusdrähte hindurch, verkeilt diese von der untern Seite des Postements mit eisernen Stiftchen dergestalt, daß die Fusdrähte nicht im mindesten mehr in den Löchern wanken, und feilt alles unten gleich, damit das Postement glatt aufstehen kann.

Nun wird dem Thiere vollends seine richtige Gestalt gegeben, und die Ohren, so wie alle übrige etwa verschobne Körpertheile geordnet. Eben so

werden auch die Haare mit einem Kamme aufge:
lockt, der Augenstern natürlich gemahlt (wenn man
anders ein ganz schwarzes Glasauge dem Thiere
eingesetzt hat) und somit wäre alle Arbeit vollendet.

Ich muß indessen auch hier noch einige wichtige
Paragraphen, zur nähern Kenntniß für den Kunst:
liebhaber, nachführen.

§. 1. Manche nehmen den Draht zur Aussto:
pfung des Säugethieres, von dessen Kopfe an bis
zur Schwanzspitze aus einem Stücke. Da aber,
wenn man anders nicht ausserordentlich genau alle
körperliche Theile gemessen, und gewissermassen also
ängstlich künstlich gearbeitet hat, der Balg entwe:
der bei dem Einschlagen des Wergdrahts dadurch
gedehnt, oder auch verkürzt werden kann; auch
die ganze Operation mühvoller ist; so bleibe man
am besten bei der von mir angegebenen Methode,
und wähle den Schwanzdraht besonders, der dann
mit dem Körperdraht, wie ich oben angegeben habe
verbunden, in den Hintertheil des Wergkör:
pers versenkt, und mittelst eines Stückchen Bind:
fadens, mit diesem zusammen geknüpft wird. Bei
Säugethieren, die die Gröse des Eichhörnchen's
übertreffen, bediene ich mich, in Rücksicht dieses

Schwanzdrahts, nachfolgender Methode: Ich lasse nemlich den Schwanzdraht von der Schwanzspizze an bis etwa einen Finger breit vom Genikke, **an einem Stükke,** und zwar mit Werg in gehöriger Proportion umwunden, fortlaufen, und erhalte dadurch die Vortheile, daß der über den Schwanz vorragende Theil des Drahtes, wenn er gerade auf den Rükken des Wergkörpers der Länge nach gelegt, und nicht verrükt wird, nun einen ordentlichen festen Rückgrad bildet — ferner, daß eben dieser durch den verlängerten Schwanzdraht hervorgebrachte künstliche Rückgrad dem ausgestopften Thiere eine weit natürlichere Gestalt giebt, weil er unmittelbar unter dem Felle liegt — und endlich, daß er auch eine mächtige Beistüzze für das ganze Thier ist.

§. 2. Wenn man grose Säugethiere ausgestopft hat, so binde man ihre Zehen noch besonders fest auf das Postement an, und zwar lasse man dieses Band so lange, bis das Thier völlig eingetrocknet ist. Es ist dies um deswillen nöthig, weil bei'm Trocknen der Haut, hauptsächlich die Sehnen der Füße dergestalt einschrumpfen, daß leztere dadurch vom Postemente abgehoben werden, und am Drahte hinauf rutſchen, welches dann dem Thiere ein ſehr häßliches, und höchſt unnatürliches Anſehen giebt.

§. 3. Will man dem Thiere, wenn es anders mit ſeiner Natur übereinſtimmt, entweder, wie z.E. bei der Haaſengattung, eine zuſammengekauch=te, oder, wie bei der Gattung der Marder und andern, eine mit einem hohen gekrümmten Rükken beliebige Stellung, zur Abwechslung, für's Auge geben; ſo hüte man ſich, nur nicht zu vieles Werg in den Thierbalg einzuſchieben, indem ſonſt alle Mühe, eine natürliche Geſtalt der Art heraus zu arbeiten, vergeblich ſeyn würde. Aus eigner Er=fahrung weiß ich es nur zu gut, daß man einem zu dick ausgefüllten Säugethiere ſchlechterdings keine gute gekrümmte Stellung geben kann, weil die Menge Werges ihr Recht behauptet und ſo das auch mit aller Gewalt gebogne Thier, troz dem innern Drahte, entweder immer wieder zurück ſchnellt, oder eine häßlich breite Figur darbietet, die ſich ih=res zweiten Schöpfers allerdings ſchämen muß. Dahingegen mit etwas weniger Werg, als die Pe=ripherie der Fleiſchmaſſe betrug, wird man, in die=ſem Falle, jede beliebige Beugung, leicht und na=türlich ſchön, bewürken können.

§. 4. Soll das ausgestopfte Säugethier den Mund geschlossen behalten, so näht man die Ober- und Unterlippen, bis zur erfolgten Eindörrung, zusammen und nimmt dann, um jeden Uebelstand zu vermeiden, den Faden wieder weg. Soll das Thier blos die Zähne fletschen, so werden vom Mundwinkel an die Lippen nur bis in die Gegend der Vorderzähne, zusammen genähet; soll es sich aber mit ganz aufgesperrtem Rachen zeigen, so fällt natürlich das Nähen ganz weg. Inzwischen muß ich doch erinnern, daß bei solch gewählten Darstellungen, hauptsächlich an grösern Thieren, die Lippen oft häßlich eindörren, wo selbst die künstlichst eingesetzte Zunge und das mit Kütt ausgefüllte Zahnfleisch den Uebelstand nicht ganz zu heben vermögen. Dieser Kütt, von dem ich hier spreche, wird aus weißer Erde, Allaun und Oel — alle Theile fein zerrieben und vermischt — dergestalt verfertigt, daß er nicht zu weich, sondern einem steifen Teige ähnlich wird. Wenn grösere Thiere mit aufgesperrtem Rachen dargestellt werden sollen, so gebraucht man ihn, das Zahnfleisch zwischen den Lippen gedrängt damit auszufüllen. Wenn er trokken ist, bildet er sich zu einer steinfesten Masse und verhindert wenigstens einigermasen, daß die Lippen nicht zu weit zurück schrumpfen, sondern in der gegebenen frischen Lage stehen bleiben müssen. Es versteht sich übrigens wohl von selbst, daß er an die gehörigen Pläzze nicht zu dick aufgetragen werden darf — welches sonst den Uebelstand vermehren würde — und daß man ihn, wenn er trokken ist, mit röthlicher Farbe — die Farbe des natürlichen Zahnfleisches — anstreicht.

§. 5. Sollte der Liebhaber grose Säugethiere, als Rehe, Hirsche oder wilde Schweine seiner Sammlung einverleiben wollen, so rathe ich ihm, des Aufwandes ungeachtet, sich Wergs, wenigstens als des Hauptausstopfungsmittels, dabei zu bedienen. In der ersten Hauptabtheilung dieses Werkchens bei Beschreibung der Werkzeuge Lit. p. finden sich desfalls schon mehrere Bemerkungen, die von meinen Grundsäzzen über den Nuzzen dieses Ausstopfungsmittels, zeigen.

Man windet also bei solchen Thieren den vorher mit Wachs bestrichnen Körperdraht, um das Auf- und Abglitschen zu verhindern, zuerst ziemlich dick mit Werge, macht dann von weichem Heu starke Lagen zur Auffüllung der Brust und des Bauches, hüllt diese abermals mit Werge an jeder Stelle sorgfältig ein und bildet sofort durch das Umwinden mit Faden, auf die bekannte Art, den Körper völlig aus. Statt des Zwirnes bedient man sich bei dergleichen grosen Thieren, dünnen Bindfadens, um den Körper desto besser und sicherer zu schnüren, damit die starken Eisendrähte in den Füssen solcher Thiere, fest darinn haften können.

§. 6. Säugethieren mit hervorstehenden spizzen Ohren (auriculis acuminatis) dörren diese, wenn sie einige Zeit auf dem Postemente stehen, dergestalt häßlich und mit herabgebogenen Spizzen ein, daß sie alsdann ein höchst unnatürliches Ansehen, und dadurch dem ganzen Thiere eine böse Figur geben. Diesem Uebel beugt man dadurch gänzlich vor, wenn man entweder ein konisch geschnitztes Holz, oder starkes zusammen gerolltes Papier — beides dem Raume und der Form des Ohres angemessen — in die noch frischen Ohren steckt, und diese entweder mit Stiftchen oder Stecknadeln daran befestiget. Auf diese Art behalten sie während des Trocknens ihre wahre Gestalt, und man nimmt, wenn sie völlig hart sind, diese Stüzzen wieder weg.

Ich bemerke endlich noch, daß man die körperlichen Theile gröserer Säugethiere genau mit dem künstlichen Körper vergleichen und abmessen muß. Am sichersten verfährt man bei diesen wohl, wenn man mittelst eines Bindfadens, den Fleischkörper an verschiednen Stellen rings umspannt, und somit das jedesmal gefundne Maas auf den Wergkörper überträgt. Was alsdann bei dem Zusammennähen der Haut etwa noch fehlen sollte, kann nun leicht an die erforderliche Plätze, noch gestopft werden.

Wenn ich im vorigen 3. §. äusserte, daß man in die Thiere, denen man eine gekrümmte oder gekauchte Stellung geben will, nicht so vieles Werg einschieben soll, als die Fleischmasse betrug, so muß ich gerade das Gegentheil bei solchen Säugethieren anempfehlen, welche in allen ihren körperlichen Theilen eine natürliche gestreckte Gestalt haben sollen — denn das muß ich bei den Kunstliebhabern voraussezzen, daß sie sich, noch ehe sie das Ausstopfen eines Säugethiers anfangen, schon fest die beliebige Idee der Aufstellung eingeprägt haben, und nach dieser Idee nun den künstlichen Körper bearbeiten müssen. Ich sage, daß ich bei solchen Thieren das Gegentheil empfehle; welches also entweder durch einen **sehr fest geschnürten Wergkörper**, der allen einzelnen Theilen des Fleischkörpers, rücksichtlich der Gröse und Gestalt, genau entspricht, oder durch einen **gröfern**, allein **nicht zu fest gewundnen Corpus**, und wo man das etwa fehlende Werg nach und nach noch in den Balg schiebt, einzig bewürkt werden kann. Ich trage kein Bedenken, diese letztere Methode bei solchen auszustopfenden Thieren durchaus zu empfehlen, weil man ihre Gliedmassen sehr natürlich, und in die gehörige Richtungen **drükken kann** — wo hingegen die andre Methode, der Härte, Steifheit und Unbiegsamkeit des Körpers wegen, beinahe alle Nachhülfe vereitelt — Warum ich aber überhaupt, **in dem oben erwähnten Falle**, den künstlichen Korpus etwas gröser als den natürlichen zu verfertigen anrathe, davon ist das Einschrumpfen des Thierbalgs die Ursache; der den nicht sorgsam aufgefüllten Corpus nach und nach dergestalt einzieht, daß bei erfolgter völliger Eintrocknung, ein sehr hageres und unnatürliches Thier repräsentirt wird. Daher wird ein etwas gröserer Korpus als der natürliche, vorausgesetzt, daß er weder zu fest gewunden, noch zu stark und dick aufgefüllt wurde, eigentlich am Ende in die wahre Gröse übergehen.

IV. Unterabtheilung.
Ueber die Stellungen der ausgestopften Säugethiere.

Dasjenige was ich in dieser Hinsicht oben bei den Vögeln gesagt habe, könnte auch, beinahe im Ganzen, hier bei den Säugethieren gelten. Ich weis es zwar, wie selten man Gelegenheit findet, die wilden Säugethiere, ihrer angebohrnen Scheue und Schlauheit wegen, in der Freiheit zu beobachbachten, allein dagegen giebt es auch weit weniger Gattungen und Arten, wie bei den Vögeln, und diejenige, die man ausgestopft seiner Sammlung einverleiben will oder kann, dürften wohl zu einer noch unbeträchlichern Zahl zusammen schmelzen. Kennt man aber einmal genau das Hauptcharakteristische in den Stellungen der Gattungen, so wird man sich auch, bei den verschiednen Arten, positiv gut zu benehmen wissen.

Hauptsächlich bei den Raubthieren (ferae Lin.) wählt man gerne eine auffallende Stellung. Ein nicht zu stark niedergedrückter Körper eines solchen Thieres, dessen zur Seite hin gebogner Kopf den Rachen aufsperrt, wird eine recht gute Würkung für's Auge hervorbringen. Will man bei kleinen Thieren obiger Ordnung ihre Raubbegierde anzeigen, so giebt man ihnen entweder ihren Lieblingsfraß in Mund, oder man läßt sie tükkisch auf eine vorgestellte Beute lauern.

Die für die Sammlung bestimmte thierische Präparate aus der Ordnung der nagenden Thiere (Glires) sind wohl jedem hinlänglich bekannt, und z. E. ein Eichhorn, oder die Mäusearten richtig zu stellen, da sollte es wohl, nach meiner Meinung, keiner Anweisung bedürfen. Gleiche Bewandniß hat es denn auch mit den Ordnungen der wiederkäuenden Thiere (pecora) und der Thiere mit einem Pferdegebiß (belluae), indem der Liebhaber aus jener Ordnung wahrscheinlich nur das Reh oder den Hirsch, aus dieser aber blos das wilde Schwein ausstopfen wird. Es wäre daher ein eben so schweres als undankbares Stück Arbeit, die Stellungen dergleichen sattsam bekannten Thiere zu beschreiben.

Das was ich hier vorgetragen habe, gilt inzwischen blos von den Beugungen des Körpers, Halses und Kopfes; allein eine allerdings noch wichtige Aufgabe bei ausgestopften Säugethieren, ist diese, ihre Füsse, nach ihrem natürlichen Gange oder Sprunge, richtig und im schönsten Ebenmaase, auf das Postement zu befestigen. Daß man daher alle nur mögliche Sorgfalt und Genauheit auf das **richtige Löcherbohren** in das Postement anwenden müsse, wird begreiflich seyn; allein etwas Ausführliches davon dem Liebhaber mitzutheilen, dazu wäre wohl eine eigne Abhandlung über die verschiednen Färthen der Thiere mit Kupfertafeln erläutert — ausser welchen man sich, durch blose Beschreibungen, schlechterdings nichts versinnlichen könnte — erforderlich. Da dieses aber ausser meinem Plane liegt, so muß ich den Liebhaber hier abermals auf eigne Nachforschungen zurückweisen. Es würde ihm, nach meinem Dafürhalten, eine grose Erleichterung seyn, wenn er allenfalls die Bekanntschaft eines, wenn ich so sagen soll, im Forste ergrauten Waidmanns (denn nur diese Männer können gewöhnlich die richtigste Auskunft darüber geben, indem zu den Zeiten, ehr der Forstmann den Waidmann verdrängte, es ein Hauptstudium des Letztern seyn mußte) haben könnte, der ihm die Färthen oder Spuren der wilden Säugethiere am deutlichsten und besten zeigen würde.

Aber wie kann und darf es endlich einem Naturkenner und einem geschmackvollen Künstler, bei Aufstellung seiner Säugethiere, an Treuheit der Natur fehlen? Sie, die mit seinen Arbeiten beständig gleichen Schritt gehen muß, wenn er anders auf den Namen eines Naturkenners gerechten Anspruch machen will.

Vierte Hauptabtheilung.

Ueber das Aufbewahren der Vögel und Säugethiere.

Ich kann es mir vorstellen mit welcher gespannten Aufmerksamkeit man dieses allerdings wichtige Kapitel betrachten wird, wenn man sich, wie ich glaube, aus der ersten Hauptabtheilung erinnert, was ich dort von untrüglichen Aufbewahrungsmitteln so ganz unbefangen geäussert habe. Um indeß die Liebhaber nicht lange mit Ungewißheiten zu plagen, und sie daher wohl gar glauben zu machen, als ob sie sich erst durch mancherlei Misterien bis zur sichern Erkenntniß, durcharbeiten müßten; so antworte ich folgendes, und zwar mit mathematisch gewisser Ueberzeugung. Verwahren Sie Ihre ausgestopfte Thiere, von denen Sie possitiv wissen, daß weder Raubinsekten noch ihre Eyer daran sind, dergestalt in Behältnisse mit Glastafeln versehen, daß schlechterdings kein Unrath von aussen in diese Wohnungen dringen kann.

Dies also mein bestes Conservirmittel, und nur die nähere Behandlungsart dieser Aufbewahrungen wird also der Hauptgegenstand dieser letzten Abtheilung seyn.

Mit Uebergehung anderer Methoden, werden von manchen Schriftstellern zur Aufbewahrung zoologischer Präparate — selbst nicht einmal kleine Säugethiere und Vögel mittlerer Gröse ausgenommen — grose, mit bekanntlich theuerm Weingeist angefüllte, weise gläserne Flaschen empfohlen, die, auch noch so gut an ihren Oeffnungen verwahrt, dennoch durch das Ausdünsten, beständig nachgefüllt werden müssen. Und demungeachtet findet man die Unkosten zu gros, ja man schreit fast darüber, wenn von der doch weit wohlfeilern Verwahrung eines Thieres unter Glas die Rede ist; und giebt so lieber das oft mühvolle, Jahre lang dauernde Werk seiner Hände entweder unbedingt der Vernichtung, oder der doch gewiß erfolgenden Unscheinbarkeit der Aussenseite des Thieres, durch unbedecktes Hinstellen desselben, preis!

Hier tritt nun zum Theil dasjenige ein, was ich in dem vierten Satz der Einleitung vorausgeschickt habe; daß nemlich der Sammler den Kostenaufwand der Behältnisse muß ertragen können; und so wird es auch jedem, nach einer kurzen Prüfung, als eine ausgemachte Sache erscheinen müssen — und zwar mit Widerlegung aller gegnerischen Meinungen — daß man nicht gerade so nach Willkühr, dergleichen zoologische Sammlungen anlegen kann. Denn da noch kein Mittel bekannt ist, die natürlichen Körpertheile der Thiere, bei unbedeckter Hinstellung, apodiktisch gewiß vor den Anfällen ihrer Feinde, und in ihrer ursprünglichen Farbenschönheit zu schüzzen, so muß dies jeden ganz unbemittelten Sammler auf den vernünftigen Schluß bringen: An allen deinen mühsamen Arbeiten kannst du dich nur eine kurze Zeit ergözzen, und dann sind sie unwiederbringlich ein Raub der Insekten.

Mit Zuversicht darf ich hoffen, daß jeder partheilose Kenner die nehmlichen Grundsäzze hegen wird, so wie ich vollkommen überzeugt bin, daß ein kostbarer Zeitaufwand dazu gehört, auch eine nur mäsige Sammlung frei und unbedeckt aufgestellter Thiere beständig zu durchmustern, mit ängstlicher Sorgfalt den Feinden in allen ihren Schlupfwinkeln nachzuspüren, den Staub abzukehren und die dadurch in Unordnung gerathne Federn wieder zu ordnen ꝛc. Wahrlich dazu gehört wohl der höchste Grad leidenschaftlicher Liebhaberei, und dabei keine ernährende und Zeit erfordernde Dienstgeschäfte! Und doch wer bürgt am Ende für immer noch mögliche Zerstörungen, da die Eyer mancher Insecten mit dem Staube oft unter die Federn gerathen können?

So positiv gewiß es nun ist, daß man durch taugliche Behältnisse nicht allein allen diesen Uebeln vorbeugen, sondern auch das Thier in seiner ursprünglichen Schönheit zu jeder Zeit betrachten kann, so ist es wohl einleuchtend, wie sehr viel darauf ankommen müsse, diese Wohnungen ausgestopfter Gegenstände gut zu verwahren.

Man kann wohl viererlei Arten dieser Behältnisse annehmen:

1.) Grose von allen Seiten — den Boden ausgenommen — mit in hölzerne Rahmen eingekütteten Glastafeln versehene Behälter, und zwar mit verschiednen, inwendig angebrachten bretternen Abtheilungen, die in der gehörigen Weite, nach Maasgabe der Höhe darauf stehen sollender Thiere, von einander entfernt sind. Gewöhnlich haben sie eine mit doppelter False genau eingepaßte

Thüre, die, statt der Bande und des Schlosses mit mehrern eisernen Schraubengängen auf ihrer Rahme versehen, fest eingeschraubt werden kann.

Ohne Zweifel ist dieses die schönste Art die Thiere aufzubewahren; denn man kann nicht allein eine grose Anzahl in diesen sehr hellen Behältnissen aufheben, sondern auch, weil sie mitten in das Zimmer gestellt zu werden pflegen, die Thiere von allen Seiten betrachten. Allein, wegen den vielen erforderlichen Glastafeln, ist es zugleich die kostbarste Methode und dürfte daher unter den Sammlern, ökonomischer Verhältnisse wegen, wenig Nachahmer finden.

2.) Kästchen von Pappendekkel oder Holz, jedes auf der Vorderseite mit einer Glastafel versehen. Sie sind sowohl von innen, als aussen an den Fugen mit Pappierstreifen sorgfältig verleimt, und man setzt entweder in jedes Kästchen zwei Vögel beiderlei Geschlechts, oder, welches bei grösern Arten das Gewöhnlichere ist, jeder Vogel hat ein solch eignes Kästchen. Sie werden entweder, in systematischer Ordnung, an die Wände wie Gemählde aufgehangen, oder auf eigends darzu verfertigte bretterne Gerüste gestellt.

3.) Grose hölzerne, rings an den Wänden des Zimmers aufgestellt werdende Schränke, jeden mit zwei gut eingefalsten Glasthüren versehen. Alle Fugen müssen inwendig gut mit Papier verleimt, oder verkleistert, die Glastafeln in den Rahmensprossen mit aller Sorgfalt vom Glaser verküttet, die Thüren vom Schreiner aber dergestalt genau eingepaßt seyn, daß schlechterdings kein Unrath einbringen kann. Statt dieser zum bequemern Auf- und Zumachen mit einem Schlosse und sogenannten Fischbänden versehenen Thüren, wählen Manche das **Auf-** und **Zuschrauben** derselben, auf die Art, wie vorhin bei denen rings mit Gläsern versehenen Behältern erwähnt wurde.

Je nachdem man eine grose Sammlung ausgestopfter Thiere entweder schon besitzt, oder sich noch ferner um die Bereicherung derselben bemühen will, läßt man sich auch mehr oder weniger von diesen Glasschränken, und zwar in Rücksicht der Vögel, nach den Ordnungen der Ornithologie, verfertigen. Wegen der Symmetrie für's Auge können sie zwar einerlei Höhe und Breite, aber nicht einerlei Tiefe haben, weil, zum Beispiel, die Ordnung der Singvögel in einem so tiefen Schranke, wie ihn die

Ordnung der Hausvögel erfordert, zu sehr, für's Auge, im Schatten stünde, und sich daher nicht vortheilhaft ausnehmen würde. Man muß also die Tiefen solcher Schränke jedesmal nach den Ordnungen der hinein zu verwahrenden Vögel — die man, so wie ich es hoffe, doch in systematischer Ordnung aufstellen wird — wählen, und sich dabei, wie natürlich, immer an den gröſten Vogel aus jeder Ordnung halten. Um überall dem Schatten möglichst vorzubeugen, und dem Ganzen ein gefälligeres Ansehen zu geben, müssen die weniger tiefen Schränke mit den allertiefsten auf ihrern vordern oder Glasfaçade, in einerlei Richtung stehen, und damit erstere nicht wanken, oder gar umfallen könnten, so werden sie mit eisernen Kloben an den Zimmerwänden befestigt.

4.) Sehr geräumige gewöhnliche Schränke, auf die Art wie die vorigen, mit inwendig bretternen Abtheilungen; allein, statt der Glastafeln, die Thüren mit hölzernen Füllungen, der Oekonomie wegen, gearbeitet. In Behältern dieser Art stehen die Thiere gewöhnlich ohne alles System durcheinander, weil man sie von aussen nicht sehen kann. — Ob nun gleich diese Schränke von Manchen in ökonomischer Rückſicht empfohlen werden, ſo haben ſte doch in meinen Augen keinen Werth, da ihnen das Allerweſentlichſte für's Auge mangelt.

Dies wären alſo die verſchiednen Methoden zur Aufbewahrung, deren man ſich gewöhnlich zu bedienen pflegt. Da ich aber glauben darf, daß die letztbeſchriebnen Schränke ohne alles Glas, ſo wie die ganz gläſernen Behälter, wohl nur äuſſerſt ſelten einen Liebhaber finden dürften, ſo werde ich nun blos über die **Glaskäſtchen** und die **Schränke mit Glasthüren**, noch eins und das andere bemerken; ſo wie ich übrigens zugleich aus Ueberzeugung geſtehen muß, daß jede auch hier nicht angegebene Verwahrungsmethode gut iſt, ſobald ſie nur das Nützliche mit dem Schönen vereint.

Als ich meine Sammlung anzulegen begann, ſtand ich lange bei mir im Zweifel, welchen von beiden Behältern, als den beſten und tauglichſten, ich den Vorzug geben ſollte. Ich fand am Ende, daß jede dieſer Methoden ihre Vorzüge und ihre Mängel habe, daß ſich, um letztern abzuhelfen, das Gute beider Methoden nicht miteinander verknüpfen ließ, und daß, wenn man ſich der einen ober andern ergäbe, jede ihrer Vorzüge zugleich mit ihren Mängeln unzertrennlich verbände.

Die wichtigsten Vorzüge und Mängel einer jeden dieser beiden Methoden, will ich, zur mehrern Deutlichkeit und Selbstprüfung für den Liebhaber, hier näher entwikkeln:

A. Glaskästchen.

Ihre Vorzüge.

1.) Ihrer soliden Verwahrung eines ausgestopften Gegenstandes, sogar vor dem feinsten Staube, kann kein andres Mittel an die Seite gesetzt werden, da alle ihre Fugen auch an den Rändern der Glasfaçade, gut mit Pappierstreifen verleimt oder verkleistert sind, und zumal, wenn sie zu aller Vorsorge auf ihrer ganzen Aussenseite mit starkem Leimwasser überzogen wurden, wo dann alles Nagen der Insekten von aussen, ganz gewiß vereitelt wird,

2.) Sollte auch, durch Versehen, ein Thier, welches verborgen den Keim der Verwüstung bei sich trägt, eingesetzt werden, so geht es doch nur individuell zu Grunde, ohne seine reine Nachbarn anstekken zu können.

Mängel.

1.) Ein einmal darinn verwahrtes Thier muß für immer die Anfangs ihm gegebene Lage behalten; und wenn man, bei nachher erhaltnen Doubletten, oder andern Exemplaren, seine Idee vortheilhafter in der Darstellung für's Auge, ändern wollte — wie dies gewiß oft dem Sammler vorkommen dürfte — so muß man auch den besten Gedanken, ohne sich anders eine fatale Arbeit aufzuhalsen, fahren lassen.

2.) Sie erfordern einen größern Flächenraum an den Wänden des Zimmers, als die Glasschränke, und doch kann man weniger Thiere aufstellen.

3.) Kann man es, nach meiner Meinung, auch für einen Nachtheil halten, daß die Verfertigung dergleichen Kästchen in der erforderlichen großen Anzahl von Pappendekkel, einen ausserordentlichen Zeitaufwand, die vielen Glastafeln aber, beträchtliche Ausgaben erfordern. Will man diese Pappkästchen etwa nicht selbst, oder gar von Holz vom Schreiner verfertigen lassen, so werden die Kosten nur um so größer seyn.

B) Hölzerne Schränke mit Glasthüren.

Ihre Vorzüge.

1.) Man kann seine Thiere darinnen, und zwar zu jeder Zeit stellen und ordnen wie man will.

2.) Man kann sich des erforderlichen Raums für jeden neuen Gegenstand, auf der Stelle bedienen.

3.) Man kann sie nach Gefallen eröffnen, und dadurch ein unreines seltnes Thier oft vom völligen Ruin retten.

4.) Sie erfordern nicht so grosen Glasaufwand im Ganzen als die Glaskästchen; und doch kann man mehrere Thiere auf einen und denselben Flächenraum, und zwar eben so deutlich und schön für's Auge, aufstellen.

Mängel.

1.) Wenn die Schrankthüren auch noch so gut in doppelte Falsen gepaßt und vom trokkensten Tannenholze verfertigt sind, so müssen sie doch der Verwahrungsmethode bei den Glaskästchen weichen. Denn durch das Schlüsselloch, wenn man es, bei abgezognem Schlüssel, nicht verstopft, können Speckkäfer, vom Geruche herbeigelockt, bequem einkriechen, wenn sie es auch in den Falsen der

Thüren nicht können. Einen solchen Widersacher ertappte ich einst selbst an jenem Flekke.

Dieser Nachtheil würde inzwischen gröstentheils dadurch gehoben werden können, wenn man die Glasthüren mit eisernen Schraubengängen und Handhaben, zum Aus= und Einhängen versehen liesse. Die etwa sich geworfene Thürrahme könnte durch die Schrauben ausserordentlich fest und behebt angezogen werden. Allein um so beschwerlicher würde es auf der andern Seite wieder seyn, dergleichen zugeschraubte Thüren zu öffnen, indem zu der Thürrahme eines Schranks von etwa 7 Fuß Höhe und 5 Fuß Breite, wenigstens zwölf Schrauben in der Peripherie erforderlich wären.

2.) Ist ein unreines Thier in einem solchen Schranke, so kann es die umherstehenden ebenfalls ihrer Zerstöhrung entgegen führen, wenn man die Quelle nicht zeitig entdeckt.

Aus diesen angezogenen Gründen pro und contra der beiden Verwahrungsmethoden, mag sich der Sammler nun ein Resultat ziehen, welches ihm das beste dünkt. Das meinige gab — den Glasschränken den Vorzug, und es hat mich, seit Jahren bisher noch nicht gereuet.

Ohne dem niedrigen Egoismus eine Blume zu streuen, könnten doch manche Sammler mit mir übereinstimmend denken; und auch nur für diese will ich meine Behälter etwas näher beschreiben:

Zu allen meinen theils fertigen, theils noch zu verfertigenden Schränken lasse ich den Schreiner das dürrste, abgetrocknetste Tannenholz — weil es sich dann am wenigsten wirft, und in meiner Gegend auch die wohlfeilste Holzart ist — nehmen; und dabei sind weiters folgende Einrichtungen getroffen. Sämtlich sind meine Schränke 7 Fuß hoch, und 5 Fuß breit, in Rücksicht ihrer Tiefe aber, richte ich mich jederzeit nach dem grösten und dicksten Vogel einer jeden der sechs linneischen Ordnungen, als eben so viele Schränke ich mir verfertigen ließ. Unter der 1ten Ordnung, oder den Raubvögeln, wäre dies wohl der Goldadler (falco chrysaëtos) wo auch ein jeder deutscher Geyer Platz haben wird, wenn man anders so glücklich ist, diese seltnen Vögel zu erhalten. In der 2ten Ordnung, oder den Waldvögeln — der Kolkrabe (corvus corax) In der 3ten Ordnung, oder den Wasservögeln — der stumme Schwan (anas olor) da die noch grösere Kropf=

gans (pelecanus onocrotalus) wohl nur ein äuſſerſt ſeltner Fund ſeyn dürfte. In der 4ten Ordnung, oder den Sumpfvögeln — der **Kranich**
(ardea grus) — In der 5ten Ordnung, oder
den Hausvögeln, — das groſe **Trappenmännchen**
(otis tardo — mas) und endlich in der 6ten Ordnung oder den Singvögeln — die **Ringeltaube**
(columba palumbus). —

Die Schränke müſſen ſo viel möglich in's Lichte,
und die Rahmenſtükke ſammt den querlaufenden
Sproſſen, als worinn die Glasſcheiben eingeküttet
werden, daher ſehr ſchmal gearbeitet ſeyn, die zwei-
flügelige Thüren aber ganz genau eingepaßt, und
in doppelten Falſen auf allen vier Seiten gehen.
Aus manchen guten Gründen — die hier anzuführen, zu weitläuftig wären — haben meine Schränke
übrigens keine Rückwand von Holz, ſondern ein
bloſes Kreuz von ſchmalen Brettſtükken zum beſſern
Zuſammenhalten des Gerippes. Allein ſie ſind hinten, ſtatt des Holzes, mit ſtarkem dichtem Zwilch,
ſo feſt als möglich, auf die Kanten der Seitenwän-
de, angezogen und mit einer Menge ganz kleiner
Nägel vernagelt; welcher Zwilch dann mit Leim-
waſſer beſtrichen, ſich ſo ſtraff wie ein Trommelfell

anspannt. Inwendig im Schranke werden sowohl die Zwilchwand, als alle Holzseiten und hauptsächlich die Fugen mit dikkem Packpapiere ausgekleistert und, ist dieses trokken geworden, nochmals mit sehr weisem Schreibpapier überzogen. *)

Ist der Schrank nun ganz ausgetrocknet — welches in einem Tage geschiehet — so mißt man in jedem Schranke vom Boden auf, die Höhe des größten Vogels aus seiner für diesen Schrank bestimmten Ordnung, nach Maasgabe des vorhin beschriebenen Verzeichnisses, und legt nun ein leichtes

---

*) Unter den Kleister, der bekanntlich aus weißer Stärke und siedendem Wasser bereitet wird, mischt man, zur Austapezirung eines solchen Schranks, für einige Kreuzer Allaun, welcher nicht allein durch seine bittere Substanz besser vor dem etwaigen äussern Nagen der Inseckten, sondern auch vor dem Verderben des Kleisters selbst, wochenlang schützt.

Weißes Papier aber — als die eigentliche Tapete — verdient wohl deswegen vor allem farbigen den Vorzug, weil es den Schrank nicht nur weit heller macht; sondern es präsentiren sich auf demselben auch die Farben eines jeden Thieres, dem Auge viel deutlicher und natürlicher. d. V.

Querbrett zum Ruhepunkt für andre Vögel aus dieser Ordnung ein. Man wiederholt sofort dieses Legen der Querbretter bis zur Dekke des Schranks.

Man kann nun seine Vögel, nach Belieben, für's Auge ordnen, die Postemente mancher Vögel mit gut getrockneten, verschiedenen Moosarten bekleistern — den systematisch lateinisch und teutschen Namen jedes Vogels und zwar mit Bemerkung des Geschlechts, auf die Postemente — oben an jeden Schrank aber, die Ordnungen mit grosen Buchstaben schreiben; und was man endlich sonst noch für gut und zierlich halten sollte.

Die Glasthüren der Schränke müssen vom Schlosser besonders vorsichtig, damit sie genau auf allen Fugen anpassen, in Band und Schloß *) beschlagen,

---

*) Statt des Schlosses — man müßte denn absichtlich seine Schränke verschliessen wollen — kann man sich der Länge der Thürrahme nach, verschiedne eiserne Häckchen an die Glasthüren machen lassen. Man ist im Stande, den Schrank durch diese Methode sehr behebt zu verwahren, und beugt auch einigermasen dem Krummwerden, oder sogenannten Werfen des Holzes, vor.   d. V.

schlagen, die Glastafeln aber vom Glaser nicht weniger gut in den Rahmen und Sprossen verküttet seyn. Zuletzt läßt man die Schränke, zur Zierde, auswendig mit einer Oel- oder Leimfarbe anstreichen und verstopft, zur Vorsorge für den räuberischen Insekten, jedesmal das Schlüsselloch, wenn der Schlüssel auf einige Zeit abgezogen werden soll.

In Rücksicht der Glastafeln finde ich die Erinnerung nöthig, daß man sie nur nicht zu klein wählen muß, indem sonst durch die zu vielen Holzsprossen, der Schrank das Angenehme für's Auge verliert, welches ihm dagegen grose Tafeln — und daher weniger Sprossen — gewähren.

Will man alles, so viel möglich ökonomisch einrichten, so ist es eine leichte und unterhaltende Arbeit, die zwilchne Rückwand des Schranks selbst anzunageln, alle innre Tapezierarbeiten zu verfertigen und die Glastafeln — welches übrigens reines und weisses böhmisches Glas seyn muß — sich nicht vom Glaser, sondern von einem en gros Händler schockweise zu erkaufen. Einen erstaunlichen Unterschied wird man, in letzter Rücksicht, gegen den Preisen des Glasers dann finden; und es ist nicht übertrieben, wenn die Differenz bis zu 80 ja 100

Procenten steigt. Denn z. E. eine quadratförmige Glastafel, deren eine Seite 2 Fuß 3 ½ Zoll rheinländisch maß, bezahlte ich bei einem solchen Händler nur mit einem Gulden und vier und zwanzig Kreuzern, wogegen mir mehrere Gläser — — einen französischen Laubthaler forderten. ———

Die Säugethiere erfordern einen oder mehrere dergleichen Glasschränke, die man, so wie die der Vögel, immer zahlreicher anschaffen kann, sobald sich die Gattungen und Arten im Kabinette vermehren.

Jetzt auch einiges über die sogenannten Glaskästchen:

Entweder sind sie von Holze oder von Pappendekkel, und zwar, nach der Größe des einzusezzenden Thieres, bald in der Figur eines gleichseitigen, bald eines länglichten Vierecks gearbeitet. Im ersten Fall — und da ist die Einrichtung am theuersten — läßt man sie vom Schreiner aus ganz leichtem Holze verfertigen, wo die vordere offne Seite, auf ihren Kanten mit einer eingeschnittnen False versehen seyn muß, in der die Glastafeln eingepaßt, und mit Papierstreifen von der nemlichen Farbe des angestrichnen Kästchens, verleimt werden.

Im zweiten Fall aber — und dies ist die wohlfeilere Methode, weil man sie selbst verfertigen kann — sind sie von starkem gewöhnlichem Pappendekkel. Jeder Liebhaber wird sich die kleine Geschicklichkeit zu ihrer Verfertigung erwerben können; denn an den Fugen von außen und innen, so wie an der vorgesetzt werdenden Glasscheibe sie gut zu verwahren, das ist die Hauptsache. Gewöhnlich werden sie auch inwendig, gleich den Glasschränken, sowohl zur größern Vorsicht, als geschmackvollern Zierde, durchaus mit weißem Schreibpapiere überkleistert. Wer übrigens den Willen, die Zeit und die nöthigen Kenntnisse besitzt, kann auch auf den Hintergrund dieser Kästchen, Bäume, Gesträuche, Felder, Teiche mit Rohr bewachsen u. s. w. so wie es für die Lebensart des einzusezzenden Thieres paßt, mit Farben mahlen. Eben so, um alles möglichst natürlich und schön darzustellen, leimen Manche auch noch verschiedne Moosarten, Gräser, Blumen und dergleichen — die aber vorher besonders gut getrocknet seyn müssen — in diese Glaskästchen ein. Die systematische Benennungen des Thieres, werden dann ebenfalls eingeschrieben, und nach den Ordnungen hängen sie entweder an den Wänden des Zimmers, oder sie werden auf eigends dazu verfertigte bretterne Gerüste gestellt. Ich muß gestehen, daß die Würkung unbeschreiblich schön ist, wenn dergleichen mit Moos oder sonstigen natürlichen Zierrathen ausgeschmückte Pappkästchen dergestalt auf bretterne Gerüste gestellt sind, daß sie alle zusammen nur eine gleiche Vorderfaçade oder, mit einem Worte, eine grose Spiegelfläche dem überraschten und entzückten Auge darbieten. Dies setzt also voraus, daß die Kästchen wenigstens reihenweis von einerlei Höhe seyn müssen; denn die verschiednen Längen benehmen der Symmetrie nichts, und die mancherlei Tiefen werden auf ihrer Vordern oder Glasfaçade, wie gedacht, in eine Fläche geschoben.

Thiere auf diese Art verwahrt, müssen sich, wenn anders an den Kästchen mittlerweile nichts verdorben, und sie Anfangs tüchtig mit Leimwasser auf ihrer ganzen Aussenseite bestrichen wurden, länger als ein Jahrhundert in ihrer natürlichen Schönheit erhalten können — bis die alles zerstöhrende Zeit, auch sie endlich in ihr Nichts zurück führt.

Weiter oben schon bemerkte ich, daß man den Säugethieren besondere Glasschränke widmen müsse, weil sie bekanntlich eine eigne zoologische Classe ausmachen. Beinahe bis zur Gröse eines Rehes, dünkt mich daher, daß sie alle gut unter Glas — seyen es nun Schränke oder besonders verfertigte Kästen — zu bringen sind; und was freilich über jene Gröse hinaus reicht, muß dann auf eine solche Verwahrung Verzicht thun. Hat man inzwischen die Haut eines grosen Thieres gut bearbeitet, und hält bis zur völligen Eintrocknung desselben fleisige Nachsicht, so wird eine **unbedeckte Hinstellung** im Kabinette nicht schaden. Ueberhaupt lassen sich dergleichen Thiere, die man nur in geringer Anzahl besitzt, sehr leicht durchmustern; und sind Raubinseckten daran, so werden sie durch herabgefallene und auf dem Postemente zerstreuete Haare — so wie dies auch mit den Federn bei den Vögeln der Fall ist — ihr Daseyn leicht verrathen. Dergleichen von Inseckten angefallene Thiere alsdann, hauptsächlich an den beschädigten Theilen, tüchtig mit Terpentinöl zu bestreichen und fernere gute Aufsicht zu halten, ist alles, was man in diesem unangenehmen Falle thun kann.

Wer die Feinde der Kabinette überhaupt näher kennen will, wird sie in der in meiner Vorrede gedachten Schrift des Herrn Dr. Römers pag. 143 aufgezeichnet finden.

Dies also wären die gewöhnlichen und sichersten Methoden dergleichen Präparate gut zu verwahren und zu aller Vorsicht, kann man höchstens einmal im Jahre, die in Glasschränken verwahrte Thiere mit etwas Terpentinöl an den Beinen, dem Mund, am Steise und neben den Flügeln, mittelst eines Pinsels bestreichen. Ohne allen Zweifel ist Terpentinöl ein vortrefliches Mittel zur nöthigen Vorsicht, indem es nicht allein im eigentlichen Verstande, bereits von Raubinsekten ergriffene Präparate rettet, und erstere sammt der ganzen Nachkommenschaft tödtet, sondern auch im höchsten Grade conservirt, weder Federn noch Haare, die damit bestrichen werden, verdirbt, und seinen, obgleich ausserordentlich flüchtigen Geist, in sehr gut verwahrten Glasschränken, nie ganz verdunsten läßt. Daher dürfte es auch schon hinlänglich seyn, in dergleichen Schränke nur ein offnes Glas voll Terpentinöl hinzustellen, damit der Geist nach und nach im Schranke verdunste. Um so weniger wird daher der Speckkäfer, wenn er auch vorher durch eine unbemerkte kleine Oeffnung an den Thürfugen sich eingezwängt hätte, in diese für ihn tödtliche Behälter weiter eindringen wollen.

Proben, die ich von der Würksamkeit dieses Oels selbst gemacht habe — wie man sich aus dem Schlusse der ersten Hauptabtheilung vielleicht noch erinnern wird — berechtigen mich zur allgemeinen Anpreisung desselben, und es würde mich freuen, wenn ich den Liebhaber aufmerksamer darauf gemacht hätte, als es vielleicht vorher der Fall war. Denn unter fruchtlos versuchten Conservirmitteln — die Legion heisen — warf er vielleicht das Terpentinöl, als wahrscheinlich eben so unnütz, mit dem übrigen Plunder bei Seite.

Welch einen überraschenden und unbeschreiblich angenehmen Eindruck auf die menschliche Sinne es macht, wenn man in ein mit Geschmack geordnetes und nicht ganz unbeträchtliches Kabinet gut ausgestopfter Thiere tritt, das wird jeder empfinden, der reines Gefühl für die Natur und ihre tausendfachen Schönheiten hat. Tapeten, und seyen sie auch auf's beste gemahlt, und vom edelsten Stoffe, werden hier keinen Vergleich aushalten können.

Schluß.

Von meinem Werkchen, das ich hier den Liebhabern übergebe, muß ich nun erwarten, welche Aufnahme es finden wird. Für den Gegenstand, den ich beschrieb, sowohl in naturwissenschaftlicher als technologischer Rücksicht, leidenschaftlich eingenommen, kann übrigens keine andre Absicht der Publicität untergeschoben werden, als diese: den Anfängern auf eine solche Art nützlich zu seyn, daß sie auf eine leichtere und geschwindere Weise, ihren Zweck erreichen können. Dafür spricht meine reine Ueberzeugung.

Um mir eignen Vorwurf zu ersparen, habe ich das Manuscript verschiedenemal durchgelesen und manches noch zu verbessern gesucht. Nur die längst mir fest eingeprägte Idee zu realisiren, über das Ausstopfen der Säugethiere und Vögel nach Möglichkeit etwas Vollständiges zusammen zu tragen, und eben dadurch nützlich zu werden, habe ich weder Zeit noch Mühe gespart. An Deutlichkeit des Vortrags soll es hoffentlich auch nicht fehlen, obgleich der beschreibende Stil einer Kunstarbeit nicht in dem Maase unserm Gefühle schmeicheln kann, als wenn man eine Geschichte mit angenehmen und erlaubten Episoden verwebt.

Da ich den Gegenstand, so wie er ist, dem Kunstliebhaber deutlich zu entwikkeln suchte, so kann es mir wohl auch nicht zum Vorwurf gereichen, wenn ich unter andern, nur scheinbaren, Anständen, auf Jägerterminologieen und dergleichen, keine Rücksicht nahm. Ist die Sache anders gut, und zur Faßlichkeit, die verschiedne Benennungen nur mit keinen Provinzialismen vermischt, so verdient man von der Seite, nach meiner Ueberzeugung, keinen Tadel.

Uebrigens wünsche ich nichts sehnlicher, als daß mein Buch einem gründlichen Kenner und partheilosen Manne zur Censur anheimfiele. Sein vernünftiger nicht bitterer etwaiger Tadel müßte mir willkommen seyn, und Gelegenheit verschaffen, eine Kunst immer mehr zu vervollkommnen, die so viele Reizze für's Auge und den Geist vereint.

Gewiß sie ist es, die in den von Pflichtgeschäften entbundnen Stunden die angenehmste Erholung verschaft: nützliche Kenntnisse und Aufschlüsse in der Naturgeschichte begleiten sie in gleichem Schritte, und sie gewährt durch das beständig Abwechselnde, dann immer noch ein daurendes Vergnügen, wenn alles andre, was nur eine Zeitlang angenehm auf unsre Sinnen würkte, längst seinen Reitz verlohren hat. Daher das Anstrengen der Kräfte zu ihrer Vervollkommnung — daher das Nichtscheuen viele Jahre dauernder, oft mühvoller Arbeiten, und die stets belebende Hoffnung, seltne deutsche Thiere in seinem Kabinette prangen zu sehen. Wer diese Kunst nicht kennt, oder kennen will, wird auch nichts von ihren angenehmen Belohnungen fühlen können; und für ihn sind auch wohl weder diese noch ähnliche Schriften je geschrieben worden. — — —

Vaillant, jener berühmte Mann, der, um hauptsächlich neue Entdekkungen in der Zoologie zu machen, vom Kap aus tiefer in Afrika, als je vorher ein Naturforscher vordrang, und dessen vortrefliche Reisebeschreibung bekannt genug ist, lebt mit einem seltnen Schazze vieler hundert neu entdeckter Vögel seit seiner Zurückkunft in Paris. Von ihm stand kürzlich in einem Intelligenzblatte der Jenaer Litteraturzeitung, daß er, in Gegenwart des Einsenders dieser Nachricht, einen Vogel von mittelmäsiger Gröse, in drei bis fünf Minuten, vollkommen abgezogen habe. — Warlich eine seltne Fertigkeit, die es auch nun einleuchtend macht, wie er oft in einer kurzen Zeit eine unglaubliche Menge Vogelbälge präparirte, während ihn auch noch eine Last von Arbeiten mit seiner Caravane drückte! Keineswegs lasse sich aber der Liebhaber dadurch abschrekken, wenn er als Dilletant oft mehrere Stunden blos mit dieser Arbeit zubringen muß. Nur häufige Uebungen, wie überall, also auch hier, bringen seltne Fertigkeiten hervor.

Da ich übrigens aus Ueberzeugung glaube, daß man mehr auf natürlich schön und gut gearbeitete, als auf flüchtig hingefertigte und tadelhafte Thiere sehen wird und muß, so suche man seine Beruhigung und Belohnung in einer fleisigen Arbeit. Nicht in Rücksicht Vaillant's — denn das wäre Unsinn, indem die Kunstproduckte dieses Mannes in einem sehr hohen Grade vortreflich seyn sollen — sondern in Rücksicht derer sage ich dieses, welche einen ganz vorzüglichen Werth darauf zu sezzen scheinen, zwölf und mehrere Vögel verschiedner Größe, nicht allein in einem Tage abzubälgen, sondern auch auszustopfen. Leuten dieser Art ist es dann gewöhnlich einerlei, wie der Habitus der Thiere ausfällt und wenn ihnen ein guter Zufall nicht oft in Gewinnung der natürlich schönen Gestalt hilft, so entstehen am Ende daraus Sammlungen, wie man sie nur — zu häufig antrift. Es ist ihnen genug, wenn sie am Abend nach vollbrachter Tageslast und Hizze, mit einer frohen Selbstgenügsamkeit nur sagen können: Heute habe ich abermals zehen bis zwölf Vögel ausgebälgt. Vaillant, dem auf seinen Reisen jede Minute kostbar war, mußte mit der Zeit geizzen; aber der angesiedelte deutsche Sammler, was braucht der übermäsige und unberufne Anstrengung, wenn seine Präparate darunter leiden.

Im Begriffe dieses Werk dem Drukke zu übergeben, kommt mir — freilich etwas spät — "Diana, "eine Gesellschaftschrift zur Erweiterung der "Natur= Forst = und Jagdkunde, herausgege= "ben von Joh. Math Bechstein. 1ter Band, "1797." vor Augen, die ich, in besondrer Rück= sicht, nicht mit Stillschweigen übergehen zu müs= sen glaube. Diese Zeitschrift, zusammengetragen von einer Gesellschaft praktischer Naturforscher und berühmt durch den Namen Ihres Herausgebers, er= weckt bei jedem Naturfreunde schon zum voraus ein günstiges Urtheil, das auch, bei näherer Beleuch= tung, hinlänglich gerechtfertiget wird. Es befin= det sich nemlich an der Spizze dieses ersten Theils, eine von Hrn. Manesse einem praktischen Natur= kundigen, in französischer Sprache verfaßte, von Hrn. Dr. Reinecke in Waltershausen aber — dem Sekretär jener Sociétät — ins Deutsche übersetzte "Abhandlung über die Ausstopfung und Auf= "bewahrung aller Thierklassen," deren Inhalt dann, als das Vorzüglichste was bis jetzt über die= ses Fach geschrieben worden — anempfohlen wird. Da nun dieser Aufsatz, was in specie die techni= sche Behandlungen der mammalialogischer und orni=

thologischen Produkten anbetrift, mit meiner Schrift gleichen Stoff enthält, so sei es mir erlaubt, einige Bemerkungen hier zu machen, durch die der Liebhaber in den Stand gesetzt wird, aus unsern Schriften sich eigne Resultate zu ziehen. Nur das Vorzüglichste will ich indeß hier bemerken; denn der kritische Sachkenner muß, wenn er die Grenzlinien scharf ziehen will, jene im Allgemeinen sehr schätzbare Abhandlung selbst nachlesen.

A. Säugethiere.

1.) Ihre Abbälgung.

Die Methode ist, bis auf einige Kleinigkeiten, ganz die meinige; nur den Querschnitt der Haut, von einem Schenkel zum andern — statt des Längsschnittes über Brust und Bauche — würde ich, selbst bei Affen, deswegen nicht gerne machen, weil alsdann der künstliche Corpus gewiß viel schwerer einzuzwängen und zu formen ist.

2.) Ihre Ausstopfung.

Herr Manesse geht darinn durchaus seinen eignen Weg, und hat folglich mit meiner beschriebenen Verfahrungsart, nicht das mindeste gemein.

Dem abgestreiften Thierbalge stößt er nemlich durch jeden der vier daran hängenden Füsse, einen verhältnißmäßig dikken und geglüheten Draht; diese vier Drähte windet er innerhalb des Körpers zusammen, und befestiget sie mit ihren gefeilten Spizzen in die ausgestopft werdende Hirnschaale. Jetzt füllt er alle vier Beine in gehöriger Proportion mit klein gehacktem Flachse oder Werg aus, und ist dieses geschehen, so wird auf nemliche Art auch der ganze übrige Cörper geformt, dann die Hautränder des Schnitts zusammengenäht, und nun das Thier in die natürliche Proportion gedrückt.

Man sieht hieraus, daß **Herr Manesse** seine Thiere, im eigentlichen Verstande des Worts, **ausstopft**, (hier kann ihm freilich der angerathne Querschnitt keinen grosen Unterschied machen) und von künstlich gewundnen Körpern (meine Methode) denen zuletzt nur noch das etwa fehlende Werg nachgeschoben wird, scheint er also entweder nichts zu wissen, oder diese gewiß einfachere und bessere Methode, wenn er sie etwa auch kannte, noch nicht selbst versucht zu haben.

B. Vögel.

1.) Ihre Abbälgung.

Zwei Methoden werden empfohlen, wovon die eine die gewöhnlichere ist, nemlich den Schnitt in gerader Linie über des Vogels Brust und Bauch zu führen; die andre aber darin besteht, den Schnitt nicht an jenen Stellen, sondern unter den Flügeln vorzunehmen. Dieser letzten Methode ist Hr. Manesse vorzüglich zugethan; allein er irrt, wenn er der einzige zu seyn glaubt, der sie kennt und übt, indem solche ein mir bekannter Ausstopfer wohl schon seit dreisig Jahren im Gebrauch hat. Ich kann die Ursache nicht wohl ergründen, die den Liebhaber zu dieser Verfahrungsart vorzüglich bestimmen sollte; denn der gewöhnliche Grund ihrer Vertheidigung besteht darinn, daß Brust und Bauch nicht verletzt, und die Näthe von den angeschloßnen Flügeln gänzlich bedeckt würden. Erwägt man aber auf der andern Seite, daß die von mir empfohlne Methode positiv einfacher und leichter ist, daß der gewundne künstliche Körper besser in die Haut eingesteckt werden kann, und daß, wenn man den Schnitt auf Brust und Bauch wieder sauber zunäht, und die Federn gehörig auflockt, auch nicht die geringste Spur zurück bleibt, so dürfte die Wahl nicht schwer fallen.

Das was Hr. M. bei Abbälgung derer Vögel anräth, die dikke Köpfe und zu enge Halshäute haben,

ben, als daß solche füglich über erstere herunter gezogen werden können, ist doch für den Liebhaber in der That zu abschrekkend. Wer in aller Welt wird wohl, in diesem Falle, dem Vogel Einschnitte auf dem Kopfe und an der Basis des Unterkiefers machen, und jenen sogar durch Einschnitte in die Hirnschale verkleinern, wenn er meine Methode in dieser Rükksicht pag. 61. §. 1. darüber nachgelesen haben wird? Wenn man sogar den Kopf verkleinert hat, so möchte ich doch in Praxi wissen, wie dieser grose Misstand wieder leicht und natürlich zuwege gebracht werden könnte? Man will hier mit Vorsatz eine Hirnschale zerschneiden, mit der es dem Ausstopfer oft schlimm genug geht, wenn sie ein fatales Schrotkorn zerschmetterte; so, daß solche oft nur mit der grösten Mühe und Vorsicht ausgestopft werden muß, damit der Körperdraht dann nur einigermasen fest darin haften kann.

Eben so kann ich dem Vorschlag des Hrn. M. meinen Beifall nicht geben, den er bei dem Hautabstreifen der Beine thut. Welch ein Labyrinth von Arbeiten, mit der Abtrennung der Haut um das Schienbein (tibia) und die Zehen bis zu den Nä-

L

geln! Diese Methode zu beschreiben würde mich jetzt zu weit führen, daher man sie in jener Abhandlung nachlesen kann. — Mit dieser Hautabtrennung an den Füssen sowohl, als an allen körperlichen Theilen des Vogels, wo nur irgend die geringsten Säfte, Muskeln und Fasern noch liegen können, will Hr. M. freilich eine äusserst wünschenswerthe Erfindung verbinden, nemlich die — die natürlichen Farben der nackten Haut für immer zu erhalten.

Ich bin zwar weit entfernt, den zu bezwekkenden Erfolg gerade zu abzusprechen; will selbst einmal alle die grosen Beschwerlichkeiten mit der Hautablösung, und das gewiß schlecht aussehende Zunähen der Haut um die tibia, bei Seite sezzen — ich frage nur: wie kann man natürliche Hautfarben durch diese Operation erhalten, da jene bei gar vielen Vögeln, oft zugleich mit dem eintrettenden Tode, oder doch wenigstens einige Stunden darauf, in eine ganz andere Farbe übergehen?? Welcher sachkundige Mann wird dies absprechen!? Und wird nicht noch obendrein, gar häufig erst einen, zwei, ja drei und mehrere Tage nach dem Tode die Abbälgung vorgenommen; und welche, oft ganz sonderbare, oder doch zum mindesten schon sehr erblaßte Farben haben nun jene unbefiederte Hauttheile erst angenommen?? Man wird doch unmöglich glauben, daß diese nun ganz anders gefärbten Theile, durch die vorgezeichnete Operation, wieder in die Urfarben zurück giengen? Diese Fragen wohl erwogen, wer mag sich nun solche Arbeiten aufhalsen, um unbefiederte äussere Hauttheile in ihrer lebendigen Farbe zu erhalten, die dann doch einmal der Natur der Sache nach, schlechterdings nicht rein conservirt werden können? Nur das vorsichtige und genaue Anstreichen mit Oel oder andern Farben, ist gewiß das beste Mittel, und alle die von Hrn. M. angegebenen beschwerlichen Arbeiten, fallen dann weg.

a.) Ihre Ausstopfung.

Im Ganzen ist es die nemliche wie die bei den Säugethieren angegebene Methode, die dann auch von der meinigen wieder gänzlich abweicht. Denn es werden zwei Drähte — noch ehe der

Vogel ausgestopft ist — durch die Beine gezogen, diese innerhalb des Federbalgs miteinander verflochten und dann in der angemeßnen Proportion zu der Gröſe des Vogels, in den mit Kütt und gehacktem Flachse fest ausgestopft werdenden Hirnschädel befestigt. Die Beine — wenn anders, nach des Verfaſſers Vorſchrift, die Knochen herausgenommen wurden — werden, so wie der Hals und der ganze Körper des Vogels, nach und nach zierlich ausgestopft, die Einschnitte der Haut aber auf die bekannte Art zugenäht. (Also wird bei den Vögeln ebenfalls kein Corpus um einen Draht gewunden, wie es meine Behandlungsart heiſcht.)

Herr Maneſſe rathet den Liebhabern der Ausstopfkunst, daß wenn sie die vorher vom Fleische, und sogar vom Periosteum (Knochenhaut) sehr gereinigten Knochen in den Beinen laſſen wollen, solchen die Kugeln, wo sie in den Gelenken miteinander verbunden sind, abzulösen, das Mark, als Inſekten anlockend, und daher gefährlich, heraus zu ſtoſſen, und nun die Fußdrähte durch dieſe Markröhren hinauf in den Wergkörper zu arbeiten. Welch eine fatale, viele Zeit und Mühe kostende Arbeit mag dies seyn! Hr. M. beabsichtet freilich bei diesen und ähnlichen schwierigen Vorschlägen beständig dieses: einmal die Hautfarben dadurch natürlich zu erhalten, und dann allen etwaigen Stoff für die Raubinsecktey zu vernichten; und niemand auſſer mir, kann es wohl sehnlicher wünschen, daß ein Mann wie Hr. M. der in Hinsicht auf die Conservirungen würklich die vortreflichsten Kenntniſſe zeigt, endlich, durch wiederholte Versuche, dieſem schrecklichen Gesindel einen undurchdringlichen Damm entgegen ſezzen möchte. Für grose Säugethiere und Vögel wenigstens, die, auſſer sehr geräumigen Glasschränken, nicht wohl zu verwahren sind, würde es eine der schäzbarsten Erfindungen seyn, da ihre, nicht sehr beträchtliche Anzahl, öfters mit leichter Mühe von dem angeflognen Staube gereinigt werden könnte.

Wenn man bei den Vögeln, nach des Verfaſſers fernern Vorschlägen, die Beinknochen ſämmtlich wegnimmt, so werden auf diesen Fall die Fusdrähte, so viel möglich, in der Mitte der Fuß= häute dergestalt mit Flachs oder Werg ausge= stopft, daß der Draht nirgends unmittelbar auf der Haut ruhe; denn sonst würde er ro= sten, und die Erhaltung der natürlichen Farben dadurch vereiteln. — Dies ist freilich nur zu wahr, denn alle Füsse werden auf dem Brette schwarz. Wer inzwischen nach meiner Vorschrift, die im Tode erblaßten Füsse, mit Farben wieder anstreicht, für den hat der von Hrn. M. so gefürchtete, unmittelbar unter der Haut liegende Draht, nicht den mindesten nach= theiligen Einfluß.

C. Die Bereitung der Bälge.

Man sieht es Hrn. M. an, wie viele Mühe und Fleis er auf ein zweckmäsiges Be= reiten der Säugethiere und Vögelbälge ver= wandt hat; und ich muß gestehen, daß ich hier einen Theil meiner längst gehabten Ideen über diesen so wichtigen Gegenstand, völlig und nur mit noch nähern und triftigern Gründen reali= sirt fand. Man vergleiche in dieser Rücksicht, was ich bei Beschreibung der Werkzeuge Lit. x schon geäussert habe, mit den ähnlichen Vorschlägen des Hrn. B., die ich nicht alle hier anführen kann, und daher in dessen Abhandlung selbst nachgelesen werden müssen. Die Bereitung seiner Säugethierhäute ist ohne Frage vortreflich; aber über die mit den Vögeln, wird es mir erlaubt seyn, einige Bemerkungen zu machen.

So wenig wohl geläugnet werden kann, daß der angegebene Conservirstoff allen billigen Erwartungen gewiß entsprechen wird, so scheint mir nur die Art und Weise seiner Adhibition bald mit horrenten Schwierigkeiten verknüpft, bald aber auch selbst — ich möchte beinahe sagen — unmöglich zu seyn. Hr. M. empfiehlt nemlich, alle Vögelbälge, mehrere Wochen wiederholt in eine Auflösung von Allaun, Meersalz, Salpeter und Cremor Tartari einzuweichen, alle Federn an Schwanz und Flügeln in ihren an der Haut vorragenden Wurzeln zum bessern Eindringen der Salze, aufzuschneiden, und dann zu verschiednenmalen alle nur immer vorhanden seyn mögende Fleisch= Fett= und untere Haut=

theilchen mit einem Messer dergestalt abzulösen, daß am Ende nur noch die äussere Haut, worinn die Federn hängen bleiben sollen, vorhanden ist. So ausserordentlich umständlich und mühevoll dieses Verfahren seyn muß, so will ich, wenn es anders seinem Zwekke indistinckt entspricht, einräumen, daß man es bei grosen, ja selbst mittelgrosen Vögeln noch zur Noth anwenden könne; allein wo sind die künstlichen Finger des Mannes, die ein solches Gerben (denn das ist es im Grunde) auch bei den kleinen Singvögeln vornehmen könnten? Sind ihre Häute nicht an und für sich schon so dünne, daß man nur mit der äussersten Sorgfalt sie vom Fleische trennen und ausstopfen kann?

Hr. M. sagt: daß er nach Verwerfung aller ihm bis dahin bekannten und gewöhnlichen Conservirmitteln von Myrrhen, Aloe, Terpentinöl (??) ꝛc. sämtlich als untauglich und trügend, nunmehr zu einem neuen Mixtum, nemlich Alaun und gereinigtem Sodesalz, seine Zuflucht genommen habe. Der Erfolg habe dann auch seinen Erwartungen gänzlich entsprochen, und die mit diesen Mitteln präparirte Thierbälge hätten nun nichts mehr von Raub-insekten gelitten, ob sie gleich beständig der Luft, dem Staube, der Feuchtigkeit, Kälte und Wärme ausgesetzt, und nur vor Regen geschützt gewesen wären. Alaun sei die Basis zu der Composition von mehrern Salzen, welche bei allen frisch abgezognen Bälgen mit dem größten Nuzzen angewendet werden. Die Eigenschaft dieses Mixtum's fixire die Hautsäure, und schlage entweder alle erfolgende Gährung gleich nieder, oder wenn sich diese Gährung würklich schon zu entwikkeln angefangen hätte, so vereinige sie sich genau mit derselben, verhüte mithin allen faulichten Stoff, und beuge eben dadurch, sowohl dem Anfall der Insekten, als dem blichten Durchschlag nach der Feder- oder Haarseite des Balges, vor.

Gereinigte feurige Soda, welche Hr. M. inzwischen nur bei solchen Bälgen anwendet, die bereits in Gährung übergegangen und schon lange abgezogen sind, verbinde sich ebenfalls, in gewissem Grade, mit der schon exaltirten Gährung, gebe mit der nun wieder aufgelößten thierischen

Säure, durch ihre Vereinigung mit derselben, einen vortrefflichen seifenartigen Stoff zur Abhaltung aller Feinde, und besiße endlich besonders die Eigenschaft, ganz getrocknete, und nicht gehörig präparirte, oder auch schon ausgestopfte Vögelbälge — bei ihrer Adhibition, augenblicklich so weich und biegsam zu machen, als ob sie eben erst frisch abgezogen wären. Dadurch könnte also der Vortheil errungen werden, die etwaigen fetten Theile und das Zellengewebe der alten Häute, jetzt noch, mittelst eines Messers, wegzunehmen.

Diese beiden Erfindungen, als neu, werden von den Kunstliebhabern gewiß allen Dank verdienen, sobald sich nur Mehrere von der angepriesenen Infallibilität, durch wiederholte und auf Erfahrungen gegründete Versuche, an Säugethieren und grosen Vögeln, hinlänglich überzeugt haben werden.

D. Das Aufbewahren ausgestopfter Thiere.

Schon aus der Bereitung der Säugethier- und Vögelhäute folgert Hr. M. ihre Aufbewahrung für's Kabinet; denn, auf die vorgeschriebene Weise genau präparirt, soll man sie ausgestopft, **frei und unbedeckt in ein Zimmer stellen können,** und nun nicht das geringste vor feindlichen Anfällen zu befürchten haben. Der Aufhebung **unter Glas** wäre man also dadurch gänzlich entbunden; und ich würde Hr. M's Methode von ganzer Seele unterschreiben, wenn mir nicht, bei einem so äusserst wichtigen Gegenstand, als das Aufbewahren der Thiere für den Kunstliebhaber ist, noch folgende Zweifel und Bemerkungen entgegen ständen:

Hr. M. spricht, Seite 5 in seiner Abhandlung, ganz bestimmt von vorzutragenden Mitteln, auch gegen die **Verderbniß der Haare und Federn.** (Denn bekanntlich kann durch das schreckliche Arsenik, wenn die innere Hautseite damit bestrichen wird, der Balg wohl vor den Anfallen der Speckkäfer geschützt werden, weil sie beim Benagen sterben müssen; aber gegen Motten und Staubläuse, die blos in Haaren und Federn ihre Wohnungen aufschlagen, kann dieses Gift nichts ausrichten.) Allein so bestimmt auch davon geredet wird, so kann ich dieses Mittel doch in der Abhandlung selbst nicht finden. Sollte, z. E. bei den Vögeln, vielleicht die bei den Bälgen adhibirten Salzsäuren, durch die aufgeschlitzten Wurzeln der Schäfte in die Kanäle derselben dringen, und jene Feinde abhalten? In den Schaft der gröſern Federn, die mit ihren Wurzeln in der Haut vorstehen, kann man zur Noth dies Aufschlizzen, ohne die Keile selbst ausfallen zu machen, vornehmen, und so die salzigten Substanzen eindringen laſſen; aber bei allen übrigen Federn — und dies ist doch bei weitem der gröseste Theil — ist diese Operation, ihrer zarten Wurzeln wegen, unmöglich. Und wie sollen nun die Salze in die so auſſerordentlich feinen Kanäle des Gefieders eindringen und seine Feinde verscheuchen können?? — Also gegen die Feinde der Federn scheint mir Hr. M. doch kein zuverläſſiges Mittel zu wiſſen, ob er gleich so bestimmt davon spricht; und sollte es etwa in meiner angeregten Vermuthung liegen, so habe ich darüber so eben meine Gedanken geäuſſert.

Es tritt inzwischen noch ein wichtiger Fall ein, und dieser ist die beständige Reinerhaltung des Gefieders. Hr. M. glaubt zwar durch seine Bereitung der Vögelbälge (denn die Säugethiere erleiden selten eine Farbenänderung nach dem Tode) auch die Farbe des lebenden Vogels beständig im Tode getreu erhalten zu können, und läßt den Grund davon in den abhibirten Salzen liegen, welche die thierische Säure überall im Balge — folglich auch in den feinsten Federröhrchen — mittelst ihrer genauen Vereinigung mit ihnen, nicht zur Entwicklung kommen ließen.

Allein wenn es wahr ist, was ich weiter oben schon bemerkte (und welcher sachkundige Mann wird es läugnen können?): daß sowohl nackte Hautfarben, als auch das Gefieder mehrerer Vögel, oft gleich, oft auch einige Stunden nach dem Tode, sich färben; und wenn es mithin unmöglich ist, die **reine Urfarben** durch die **Maneſſeſche Operation**, wieder erschaffen zu können — wenn es ferner unumstöslich wahr ist, daß unbedeckte ausgestopfte Thiere — und werde das Zimmer auch noch so reinlich gehalten — vom Staube leiden müssen; — daß dieser nach und nach sich fest an's Gefieder hängende Staub, wenn er nicht zeitig, und, wegen dem Verwirren der Federn, vorsichtig abgekehret werde, endlich positiv eine **Un-**

ſcheinbarkeit der Auſſenſeite zur Folge hat, und zuletzt ſich ſo einfrißt, daß man ihn, ohne das Thier zu waſchen, nicht füglich mehr abbringen kann — und endlich, wenn man den lebenden Feinden der Federn kein ſicheres untrügliches Mittel entgegen zu ſezzen weiß, und dennoch an dem ausgeſtopften Thiere, bis es gänzlich vollendet daſteht, eine lange dauernde, mühvolle Arbeit hatte — ich ſage, wenn man dies alles gehörig erwogen und hinlänglich geprüft hat — — — ſo muß dem Kunſtliebhaber die Entſcheidung überlaſſen werden — ob er dem allen nicht den weit einfachern Weg einer untrüglichen Verwahrung unter Glas vorziehen will.